Beate Büngers

100 tolle Sport- und Bewegungsspiele

3. und 4. Schuljahr

9. Auflage 2022

Autor*innen: Beate Büngers
Umschlagillustration: Corina Beurenmeister
Satz: tebitron gmbh, Gerlingen
Druck und Bindung: Korrekt Nyomdaipari Kft.
ISBN 978-3-403-**03751**-4

www.auer-verlag.de

Inhalt

Übersicht über die Spiele

F = Fang- und Laufspiele, B = Ballspiele, W = Wettspiele, RG = Reaktions- und Geschicklichkeitsspiele, WS = Wasserspiele

Titel	**Trainiert besonders ...**							**Dauer**	**Typ**	**Seite**
	Schnelligkeit	**Ausdauer**	**Kraft und Gewandtheit**	**Reaktion**	**Balltechnik**	**Sozialverhalten**	**Sprungkraft**			
Ab die Post!	X		X			X		mittel	W	28
Affe, Palme, Elefant		X		X				mittel	RG	39
Affenspiel	X	X	X				X	lang	RG	38
Angsthasenabwurf			X	X	X			mittel	B	16
Anhänger-Staffel	X	X	X			X		mittel	W	28
Ausbrecher			X			X		kurz	RG	39
Ausgequetscht	X		X					mittel	WS	50
Ausreißer und Verfolger	X			X	X			kurz	B	16
Ball über die Schnur				X	X	X		lang	B	18
Ballontransport	X		X			X		mittel	RG	40
Ballschlacht			X	X				mittel	B	17
Balltreffer			X		X			mittel	B	17
Ballwelle	X		X	X		X		mittel	B	18
Bauchschmerzen		X		X	X			mittel	B	19
Blinde rollen einen Ball			X					mittel	B	19
Brennball	X	X		X	X	X		lang	B	20
Burgverteidigung			X	X	X			mittel	B	20
Der Vampir erwacht	X			X				mittel	F	8
Der Weiße Hai	X	X	X					mittel	RG	40

Titel	Trainiert besonders …							Dauer	Typ	Seite
	Schnelligkeit	Ausdauer	Kraft und Gewandtheit	Reaktion	Balltechnik	Sozialverhalten	Sprungkraft			
Die Milchmänner kommen	X	X		X				mittel	F	8
Diener bringen das Frühstück	X		X					mittel	W	29
Dominosteine				X				kurz	WS	50
Dummer August	X		X			X		mittel	W	29
Eierlauf	X		X					mittel	W	30
Elefantenfamilie	X	X				X		mittel	F	9
Elektrische Geräte		X		X				mittel	RG	41
Fangt die Tiere!	X			X				mittel	F	9
Finde deine Freunde!	X			X				kurz	F	10
Fischfang	X	X				X		mittel	F	10
Flinke Räuber	X	X				X		mittel	F	11
Fuchsjagd	X	X						kurz	WS	51
Gefängniswärter			X	X	X	X		lang	B	21
Geselle und Meister	X			X				mittel	RG	41
Goldene Kugeln klauen	X	X	X	X		X		lang	W	30
Haifischflossen fangen			X					kurz	WS	51
Haifischschwimmen	X		X					mittel	WS	52
Hasenjagd					X			mittel	B	21
Hilfe, Außerirdische!	X	X	X					lang	F	11
Hindernislauf	X		X				X	mittel	W	31
Inselhüpfen	X		X			X		mittel	W	31
Kettenfangen	X							mittel	WS	52
Keulentransporter	X		X					mittel	RG	42
Klamottenschwimmen	X		X					mittel	WS	53
Klamottensprung			X				X	mittel	WS	53
Kling – Klong			X	X		X		mittel	RG	42
Krankenwagenfahrt	X		X			X		mittel	W	32
Krebs, Fisch, Weißer Hai!		X		X				mittel	WS	54
Krebsfußball			X	X		X		mittel	B	22
Magnet und Metall				X				mittel	RG	43
Omnibusfahrt	X		X			X		mittel	W	32
Pferderennen	X		X			X		mittel	W	33
Piratenschiff			X					mittel	WS	54
Pitsch-Patsch-Peter	X			X				mittel	RG	43
Popcornlauf	X		X			X		mittel	W	33
Proviant über Bord	X							mittel	WS	55
Räumt die Reifen!	X		X				X	mittel	W	34
Rübenziehen			X			X		kurz	RG	44
Sackhüpfen	X		X				X	mittel	W	34
Salzsäule			X			X		mittel	RG	44
Saubere Wäsche			X		X	X		mittel	RG	45
Schatzsuche			X					mittel	WS	55
Schatzwächter	X		X	X	X	X		mittel	B	23
Schiffe im Nebel			X			X		mittel	RG	45

Titel	Trainiert besonders …							Dauer	Typ	Seite
	Schnelligkeit	Ausdauer	Kraft und Gewandtheit	Reaktion	Balltechnik	Sozialverhalten	Sprungkraft			
Schlafanzugrennen	X		X					mittel	W	35
Schleppnetz			X			X		mittel	WS	56
Schlüsselrennen	X			X				kurz	F	12
Schmuggler	X		X	X		X		mittel	F	12
Schneeball werfen	X		X	X	X			mittel	B	23
Schwimmende Hunde				X		X		mittel	WS	56
Segelschiffe in Not		X		X				mittel	RG	46
Silber-Tauchen			X				X	mittel	WS	57
Spinnenfamilie	X	X	X	X		X		mittel	F	13
Spinnennetz			X			X		mittel	RG	46
Stürmt den Gipfel!	X		X			X		mittel	F	13
Suppe auslöffeln	X		X					mittel	WS	57
Tablett zur Insel bringen	X		X					mittel	WS	58
Tiger und Löwen	X			X				mittel	WS	58
Tigerball			X	X	X			mittel	B	24
Trefferball	X	X	X	X	X			mittel	B	24
Trefft das Ruderboot	X		X		X			mittel	RG	47
Tsetsefliege	X	X		X		X		mittel	F	14
Tunnelfahrt		X						mittel	WS	59
Turnschuhlauf	X							mittel	W	35
Überraschungsball			X	X	X			lang	B	25
Vampirbiss	X			X		X		mittel	F	14
Versteinert	X				X			mittel	B	25
Verzauberte Fische			X	X				mittel	WS	59
Volleyballl gegen Tennisball	X		X	X		X		mittel	RG	47
Wasser marsch!	X		X					mittel	WS	61
Wasserball				X	X	X		lang	WS	60
Wasserball treiben	X		X					mittel	WS	60
Wasserbasketball			X	X	X	X		lang	WS	61
Wasserschwänzchen fangen	X	X		X				mittel	WS	62
Wasserstrudel			X			X		kurz	WS	62
Wer bin ich?		X				X		mittel	RG	48
Wer hat Angst vor dem Wassermann?	X	X	X					mittel	WS	63
Wer ist der schnellste Paddler?	X		X					mittel	WS	63
Zehnerfangen				X	X	X		mittel	B	26
Zwei Hunde, ein Knochen	X			X				mittel	RG	48
Zwei-Felder-Ball (Völkerball)	X	X	X	X	X			lang	B	26

Ein paar Worte vorweg

Die hier angebotenen 100 Bewegungsspiele eignen sich für die Klassen 3 und 4, also die Altersgruppe der 8- bis 11-Jährigen. Sie wurden für den Sportunterricht konzipiert. Die meisten sind aber auch jederzeit bei jüngeren und älteren Schülern[1] und außerhalb der Turnhalle einsetzbar: auf Klassenfahrten, in der Pause oder bei ähnlichen Gelegenheiten. Da sich die meisten Spiele schnell spielen lassen, können sie sowohl zum Einstimmen und Aufwärmen bei Unterrichtsbeginn dienen als auch zur Beruhigung und Erholung bei Unterrichtsende.

Das Angebot umfasst fünf Arten von Spielen:

Fang- und Laufspiele

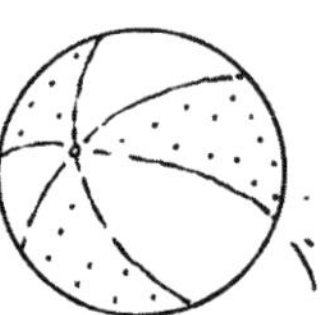

Ballspiele

Wettspiele

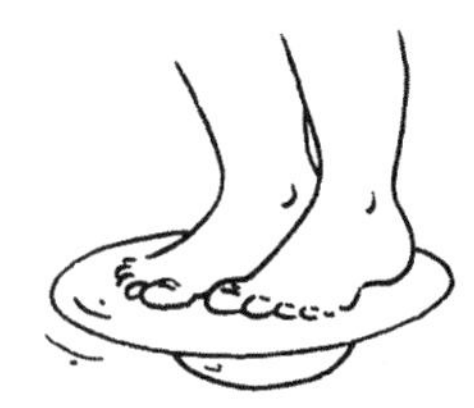

Reaktions- und Geschicklichkeitsspiele

Wasserspiele

Die Spiele trainieren unterschiedliche Kompetenzen wie Schnelligkeit, Ausdauer, Kraft und Gewandtheit, Reaktion, Balltechnik, Sprungkraft und Sozialverhalten. Die speziellen Trainingseffekte eines Spiels werden bei der Spielbeschreibung genannt.
Zudem ist dort auch angegeben, wie lange das Spiel in etwa dauert:
weniger als fünf Minuten ◔, länger als fünf Minuten ◑ oder aber eine Sportstunde und länger ◕.

Bei der Auswahl der Spiele war es mir besonders wichtig, dass sie einfache Regeln haben und sich mit einem Minimum an Materialien spielen lassen. Ein weiteres Auswahlkriterium war ein möglichst geringer Geräteaufwand, da es den Kindern dieser Altersstufe aufgrund ihrer körperlichen Konstitution noch sehr schwer fällt, beim Aufbau von großen Geräten mitzuhelfen.
Die meisten Spiele arbeiten mit Fantasierollen, in denen die Kinder während der Spiele leben. Erfahrungsgemäß begeben sich die meisten 8- bis 11-Jährigen gerne und oft in eine Fantasiewelt. Sie nutzen daher mit Begeisterung und Leichtigkeit die angebotenen Identifikationsangebote.

Meine Klassen und ich hatten mit diesen Spielen schon viel Freude im Unterricht – und die wünsche ich Ihnen auch!

[1] Aufgrund der besseren Lesbarkeit ist in diesem Buch mit Schüler immer auch Schülerin gemeint, ebenso verhält es sich mit Lehrer und Lehrerin etc.

1. Fang- und Laufspiele

Der Vampir erwacht

TRAINIERT: Schnelligkeit, Reaktion DAUER:
MATERIAL: Eine kleine Matte, auf der ein offenes Kastenteil liegt

Ein Kind, der Vampir, liegt im Sarg (Kastenteil, das auf der kleinen Matte liegt) und schläft. Alle anderen Kinder laufen in der Halle herum. Wenn der Lehrer zwölfmal auf das Tamburin geschlagen hat, erwacht der Vampir. Er läuft dann in der Halle herum und fängt Kinder. Schlägt der Lehrer einmal auf das Tamburin, so ist es ein Uhr und der Vampir steigt wieder in den Sarg. Die gefangenen Kinder sind nun auch Vampire, die sich um den Sarg herum (auf der Matte) zum Schlafen legen. Wieder laufen die restlichen Kinder durch die Halle, bis um zwölf Uhr der Spuk von Neuem beginnt. Das Kind, das bis zum Schluss nicht gefangen wurde, kann der neue Vampir sein.

Fang- und Laufspiele

Die Milchmänner kommen

TRAINIERT: Schnelligkeit, Ausdauer, Reaktion DAUER:

MATERIAL: Keins

Der Kreis in der Turnhallenmitte stellt die Bratpfanne dar. Zwei Schüler sind die Köche. Diese laufen um die Bratpfanne herum. Zwei weitere Schüler werden als Milchmänner bestimmt, die an der Turnhallentür stehen. Alle anderen Kinder sind die Bratkartoffeln, die sich in der Pfanne befinden und vor sich hin sprechen: „Brutzel, brutzel, brutzel …" Nun klopfen die beiden Milchmänner kräftig an die Tür und die beiden Köche rufen: „Es hat an der Tür geklopft. Die Milchmänner kommen! Ihr Bratkartoffeln, hüpft bloß nicht aus der Pfanne!" Dann laufen die beiden Köche zur Tür, um diese zu öffnen. Schnell springen die Bratkartoffeln aus der Pfanne und laufen in der Halle herum. Die Köche versuchen nun, diese zusammen mit den Milchmännern wieder einzufangen. Wer abgeschlagen wurde, muss zurück in die Pfanne.

VARIANTEN: Die Fortbewegungsart der Bratkartoffeln kann geändert werden, sodass die Kinder z. B. hüpfen, rollen oder kriechen.

Elefantenfamilie

TRAINIERT: Schnelligkeit, Ausdauer, Sozialverhalten DAUER: ◔
MATERIAL: Ein kurzes Seil oder buntes Band

Alle Kinder aus der Klasse sind Elefanten: Sie legen ihre linke Hand auf die rechte Schulter. Den rechten Arm steckt jedes Kind durch den angewinkelten Arm, sodass ein Elefantenrüssel entsteht. Ein Kind ist die Elefantenmama. Dieses Kind hängt sich ein buntes Band oder ein kurzes Seil um. Die Elefantenmama versucht nun, ihre Elefantenkinder einzufangen. Hat sie ein Elefantenkind erwischt, muss dieses seinen Rüssel, also die Hand, auf die Schulter der Mama legen. So entsteht eine Kette, an die sich alle weiteren eingefangenen Elefantenkinder anreihen. Gemeinsam mit der Kette, die immer länger wird, fängt die Elefantenmama alle Kinder ein.

VARIANTEN: Anstatt der Elefantenmama kann auch ein Elefantenpapa mitspielen. Ist die Anzahl der Kinder groß genug, können auch Elefantenmama und -papa gleichzeitig Kinder fangen.

Fangt die Tiere!

TRAINIERT: Schnelligkeit, Reaktion ◔
MATERIAL: Keins

Zwei bis vier Kinder werden zu Fängern bestimmt; die restlichen Schüler bilden mehrere Gruppen. Jede Gruppe denkt sich einen Tiernamen aus und gibt diesen bekannt. Danach stellen sich die Mannschaften nebeneinander an der Linie einer Turnhallenseite auf. Die Fänger stehen in der Mitte des Spielfeldes und rufen einen Tiernamen. Von der Gruppe, deren Namen genannt wurde, laufen alle Tiere schnell los und versuchen, ohne gefangen zu werden, die gegenüberliegende Linie zu erreichen. Wer in Gefangenschaft gerät, wird zum Fänger. Sieger ist die Gruppe, die am Schluss die meisten Tiere hat.

TIPP: Vor Spielbeginn sollte die Spielzeit festgelegt werden.

VARIANTEN: Es können verschiedene Fortbewegungsarten, wie z. B. Hüpfen, Kriechen, Krabbeln oder Robben gewählt werden.

Finde deine Freunde!

TRAINIERT: Schnelligkeit, Reaktion DAUER:
MATERIAL: Keins

Alle Schüler laufen durch die Halle. Wenn der Lehrer eine Zahl ruft, müssen sich entsprechend viele Schüler (Freunde) schnell zusammenfinden und an den Händen festhalten.

TIPP: Das Spiel macht mehr Spaß, wenn Musik läuft und der Lehrer bei Musikstopp eine Zahl ruft.

VARIANTEN: Es können andere Fortbewegungsarten, wie zum Beispiel Hüpfen oder Kriechen, gewählt werden.

Fischfang

TRAINIERT: Schnelligkeit, Ausdauer, Sozialverhalten DAUER:
MATERIAL: Eine große Weichbodenmatte, die in der Mitte der Halle liegt

Zwei Kinder werden als Fischer bestimmt, alle anderen sind Fische und laufen in der Halle herum. Die Fischer fassen sich an den Händen, laufen auch durch die Halle und fangen dabei Fische. Ist ihnen das gelungen, tragen sie zu zweit den Fisch in das Netz (große Weichbodenmatte), das in der Mitte der Halle liegt. Haben sie einen zweiten Fisch ins Netz gebracht, so bilden die beiden gefangenen Fische ein neues Fischerpaar, das wiederum in der Halle herumläuft und Fische fängt. Der Fischfang ist beendet, wenn alle Fische gefangen sind.

VARIANTEN: Die beiden Fischer besitzen ein Boot (einer sitzt auf einem Rollbrett, der andere Fischer schiebt es). Die Fische müssen sich kriechend, rollend oder auf allen vieren krabbelnd durch das Wasser (Turnhalle) bewegen.

Flinke Räuber

TRAINIERT: Schnelligkeit, Ausdauer, Sozialverhalten DAUER: ◔
MATERIAL: Keins

Ein Kind ist der Räuber. Dieser und alle anderen Kinder laufen durch die Turnhalle. Der Räuber fängt ein Kind und fasst es an der Hand. Das Räuberpaar fängt sich ein drittes und ein viertes Kind. Nun löst sich die Kette in zwei Paare auf. Beide Paare fangen wiederum ein drittes und ein viertes Kind, um sich dann erneut in Paarketten aufzulösen. Das Spiel endet, wenn alle Kinder gefangen sind.

VARIANTEN: Je nach Größe der Gruppe kann es zu Beginn des Spieles mehrere Räuber geben.

Hilfe, Außerirdische!

TRAINIERT: Schnelligkeit, Ausdauer, Kraft und Gewandtheit DAUER: ◕
MATERIAL: Kennzeichnungsbänder, Tücher

Die Kinder werden in zwei Gruppen eingeteilt. Beide Gruppen kommen von einem jeweils anderen Planeten. Um die Außerirdischen besser zu unterscheiden, hängt sich jede Mannschaft Kennzeichnungsbänder um. Je nach Größe der Gruppen werden zwei bis vier Kinder zu Fängern ernannt, die sich Tücher umbinden. Die Aufgabe der Fänger ist es, Kinder der gegnerischen Mannschaft abzuschlagen. Jede Mannschaft befindet sich mit ihren Fängern auf einem anderen Planeten (Spielfeld). In jedem Spielfeld dürfen sich die Kinder nur auf eine festgelegte Art und Weise bewegen, z. B. auf allen vieren kriechen oder hüpfen. Wechselt ein Kind den Planeten, so muss es sich entsprechend fortbewegen. Dies gilt auch für die Fänger. Wer von den Fängern abgeschlagen wurde, muss das Spielfeld verlassen und eine Runde um die zwei Felder laufen. Dann darf das Kind wieder am Spiel teilnehmen.

TIPP: Es ist sinnvoll, vor Spielbeginn die Dauer festzulegen.

VARIANTEN: Alle Kinder, die gefangen wurden, scheiden aus. Sieger ist das Kind, das übrig bleibt. Dies bekommt einen Punkt für seine Mannschaft.

Fang- und Laufspiele

Schlüsselrennen

TRAINIERT: Schnelligkeit, Reaktion
DAUER:

MATERIAL: Ein kleiner Gegenstand, wie z. B. ein Schlüssel, ein Sandsäckchen oder ein kleiner Stein

Ein Kind ist der Schlüsselbesitzer. Alle anderen Kinder stehen nebeneinander an einer Linie in der Turnhalle mit dem Rücken in Richtung des Schlüsselbesitzers. Ihre geöffneten Hände liegen auf dem Rücken. Der Schlüsselbesitzer legt im Vorbeigehen einem Kind den Schlüssel in die Hand. Das Kind, das nun im Besitz des Schlüssels ist, läuft ganz schnell davon. Die ganze Gruppe versucht, den Läufer zu fangen. Das Kind, das den Läufer gefangen hat, ist in der nächsten Runde der Schlüsselbesitzer.

Fang- und Laufspiele

Schmuggler

TRAINIERT: Schnelligkeit, Kraft und Gewandtheit, Reaktion, Sozialverhalten
DAUER:

MATERIAL: Mehrere Schätze, z. B. Böhnensäckchen oder kleine Tücher

Es werden zwei Mannschaften gebildet. Die Kinder der ersten Mannschaft sind die Zöllner. Diese befinden sich im Spielfeld. Die Schmuggler, die zweite Mannschaft, stehen am Feldrand und müssen ihre Schätze auf die andere Seite des Spielfeldes bringen. Werden sie dabei von einem Zöllner erwischt, so müssen sie sich hinsetzen und die Schmuggelware wird hinter die Ausgangslinie zurückgebracht. Wenn der sitzende Schmuggler von einem Kind seiner Mannschaft berührt und damit befreit wird, darf er wieder mitspielen und versuchen, Ware zu schmuggeln. Das Spiel ist zu Ende, wenn die gesamte Schmuggelware auf der anderen Seite angekommen ist. Die Mannschaften können dann gewechselt werden.

TIPP: Es ist sinnvoll, die Zeit zu stoppen, die eine Mannschaft benötigt, um die Ware von einer Spielfeldseite auf die andere zu schmuggeln.

Spinnenfamilie

TRAINIERT: Schnelligkeit, Ausdauer, Kraft und Gewandtheit, Reaktion, Sozialverhalten
MATERIAL: Eine große Weichbodenmatte

DAUER: ◔

Auf einer großen Weichbodenmatte befinden sich zwei Kinder: Spinnenmama und Spinnenpapa. Beide bewachen das Spinnennetz. Alle anderen Kinder laufen um die Weichbodenmatte herum und sind die Fliegen. Die Fliegen müssen von einer Hallenseite auf die andere gelangen, indem sie mit der Hand das Spinnennetz berühren. Dabei können sie von den Spinnen gefangen werden. Alle gefangenen Fliegen werden zu Spinnenkindern, die nun auch beim Fangen helfen. Sieger sind die beiden Kinder, die bis zum Schluss nicht von den Spinnen gefangen wurden. Diese Kinder können bei einem neuen Spiel Spinnenmama und Spinnenpapa sein.

Stürmt den Gipfel!

TRAINIERT: Schnelligkeit, Kraft und Gewandtheit, Sozialverhalten
MATERIAL: Zwei große Kästen

DAUER: ◔

Es werden zwei gleich große Mannschaften gebildet. Beide Mannschaften stellen sich in ihrem Spielfeld auf. In jedem Feld wird im hinteren Bereich ein großer Kasten aufgebaut. Die Kästen (Gipfel) stehen sich genau gegenüber. Auf ein Kommando des Lehrers laufen die Kinder jeder Mannschaft zu dem Kasten im gegnerischen Feld. Aufgabe ist es, den Gipfel zu stürmen, also so schnell wie möglich auf dem Kasten zu sein. Die Mannschaft, die dies zuerst geschafft hat, bekommt einen Punkt oder ist der Sieger.

VARIANTEN: Das Spiel ist schwerer, wenn die Augen der Kinder verbunden sind. Um Gefahren zu vermeiden, dürfen sich die Kinder, sobald sie den Kasten berührt haben, die Augenbinden abnehmen.
Beim Durchlaufen des gegnerischen Spielfeldes kann der Gegner die Kinder anschlagen. Diese müssen dann in das eigene Spielfeld zurückkehren, bevor sie erneut versuchen, auf ihren Kasten zu gelangen.

Tsetsefliege

TRAINIERT: Schnelligkeit, Ausdauer, Reaktion, Sozialverhalten DAUER: ◑
MATERIAL: Zwei bis drei kleine Matten, Kennzeichnungsbänder

Ein oder zwei Kinder sind die Tsetsefliegen. Diese können die anderen Kinder, die in dem Spielfeld herumlaufen, stechen. Ist ein Kind von einer Tsetsefliege gestochen worden, so fällt es auf den Boden und ruft: „Hilfe, Sanitäter, Hilfe!" Schnell eilen zwei Kinder herbei und tragen das gestochene Kind in das Krankenhaus (auf die Matten). Dort zählen die Sanitäter bis zehn, dann ist der Kranke geheilt und kann wieder am Spiel teilnehmen. Die beiden Sanitäter bekommen zur Belohnung im Krankenhaus noch eine Schutzimpfung: Sie hängen sich jeweils eines der bereitliegenden Kennzeichnungsbänder um und können nicht mehr gestochen werden.

VARIANTEN: Das Spiel ist spannender, wenn die Kinder sich in Tiere verwandeln und z. B. wie Kängurus durch die Turnhalle hüpfen. Werden sie gestochen, bringen die Sanitäter sie in die Tierklinik.

Vampirbiss

TRAINIERT: Schnelligkeit, Reaktion, Sozialverhalten DAUER: ◑
MATERIAL: Keins

Alle Schüler laufen in der Halle herum. Jeder kann jeden Schüler mit einem „Vampirbiss" versteinern, indem er ihm seine beiden Hände auf die Schultern legt. Derjenige, der versteinert ist, muss augenblicklich stehen bleiben und darf sich nicht mehr bewegen. Der Versteinerte kann erlöst werden, wenn ein anderer Schüler ihm erneut beide Hände auf die Schultern legt. Nun darf der zuvor Versteinerte auch wieder in der Halle herumlaufen.

VARIANTEN: Die Fortbewegungsart kann geändert werden: Die Schüler müssen sich dann z. B. hüpfend (auf einem oder beiden Beinen), rollend oder kriechend durch die Halle bewegen.

2. Ballspiele

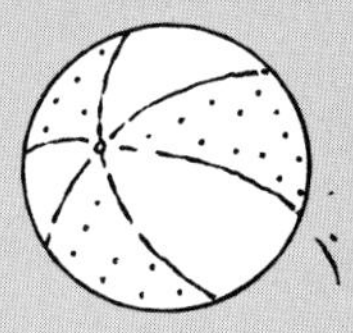

Ballspiele

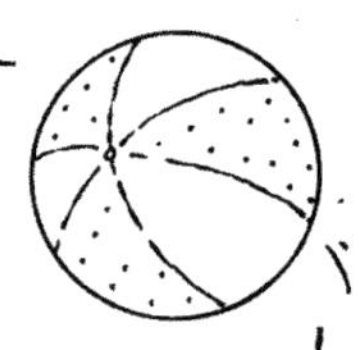

Angsthasenabwurf

TRAINIERT: Kraft und Gewandtheit, Reaktion, Balltechnik DAUER: ◔
MATERIAL: Softbälle für die zweite Mannschaft, eine Bank

Es werden zwei Mannschaften gebildet. Alle Schüler der ersten Mannschaft stellen sich nebeneinander auf die Bank. Jeder Schüler der zweiten Mannschaft hat einen Softball in der Hand. Von einer festgelegten Linie aus versucht die zweite Mannschaft durch Werfen, möglichst viele Schüler der ersten Mannschaft zu treffen und zum Abgang von der Bank zu bewegen. Jeder Schüler, der von einem gegnerischen Ball getroffen wird oder der die Bank verlässt, holt für seine Mannschaft einen Minuspunkt. Nach jedem Durchgang wechseln die Mannschaften.

VARIANTEN: Das Spiel wird erschwert, indem die Bank umgedreht, mit verschiedenen Bällen oder auch von zwei Seiten geworfen wird.

Ballspiele

Ausreißer und Verfolger

TRAINIERT: Schnelligkeit, Reaktion, Balltechnik DAUER: ◔
MATERIAL: Pro Schülerpaar ein Ball

Es werden Paare gebildet, die sich hintereinander an einer der beiden Grundlinien aufstellen. Neben dem ersten Kind liegt ein Ball. Auf ein Kommando laufen die ersten Kinder los. Auf ein zweites Kommando hebt das zweite Kind den Ball auf, rennt hinter dem ersten her und versucht dieses zu treffen. Danach wechseln die beiden die Rollen: Der Läufer wird zum Werfer und umgekehrt.

TIPP: Nach einem Spieldurchgang sollten die Gruppen wechseln.

VARIANTEN: Auf der Laufstrecke werden Hindernisse, wie z. B. kleine oder große Kästen oder Bänke aufgebaut. So wird es dem zweiten Kind erschwert, seinen Partner abzuwerfen.

Ballspiele

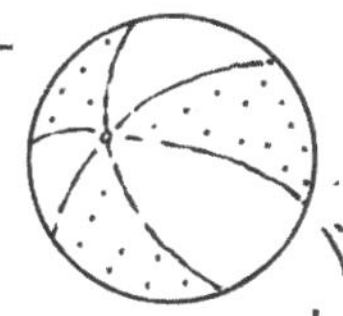

Ballschlacht

TRAINIERT: Kraft und Gewandtheit, Reaktion
MATERIAL: Viele Gymnastik- oder Fußbälle

DAUER: ◔

Es werden zwei Mannschaften gebildet. Jede befindet sich in einem Spielfeld. In jedem Feld liegen gleich viele Gymnastik- oder Fußbälle verteilt. Auf ein Startkommando müssen die Kinder jeder Mannschaft versuchen, die Bälle in das gegnerische Feld zu schießen. Sieger ist die Mannschaft, die es schafft, keinen Ball mehr im eigenen Feld zu haben.

VARIANTEN: Die Bälle können auch gerollt oder geworfen werden. Außerdem können sich die Kinder auf allen vieren oder im „Krebsgang" bewegen.

Ballspiele

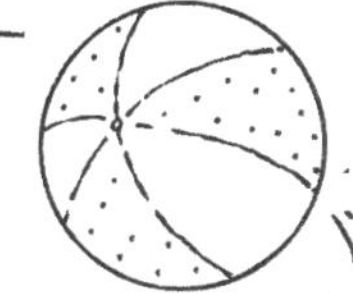

Balltreffer

TRAINIERT: Kraft und Gewandtheit, Balltechnik
MATERIAL: Ein Gymnastik- oder Softball

DAUER: ◔

Alle Kinder laufen im Spielfeld herum. Der Ball wird in das Feld geworfen. Das Kind, das ihn fängt, muss stehen bleiben und versuchen, ein anderes Kind abzuwerfen. Schafft es das, so bekommt es einen Trefferpunkt. Schafft es das nicht und der Ball wird gefangen, erhält der Fänger einen Punkt. Jetzt versucht der Fänger, ein Kind abzuwerfen. In diesem Spiel zählt jedes Kind seine erzielten Trefferpunkte für sich allein.

TIPP: Es ist sinnvoll, eine Spielzeit oder eine bestimmte Anzahl von Trefferpunkten festzulegen.

VARIANTEN: Der Spieler, der vom Ball getroffen wird, scheidet aus.
Der Spieler, der den Ball gefangen hat, muss nicht stehen bleiben, sondern darf damit laufen.
Der Ball darf geprellt oder gerollt werden.
Wer den Ball hat, darf ihn schießen, um einen anderen Spieler zu treffen.

Ballspiele

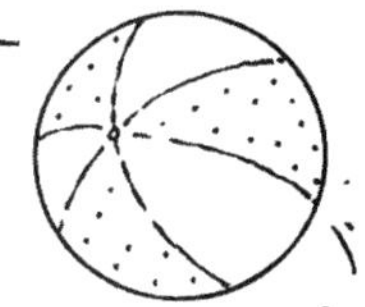

Ball über die Schnur

TRAINIERT: Reaktion, Balltechnik, Sozialverhalten DAUER: ◕
MATERIAL: Ein Gymnastik- oder Softball, zwei Ständer und eine Zauberschnur oder ein Netz

In der Mitte des Spielfeldes wird eine Zauberschnur oder ein Netz gespannt, sodass die Schüler den Ball gut darüber werfen können. Es werden zwei Mannschaften gebildet. Die Kinder jeder Mannschaft verteilen sich in ihrer Feldhälfte und versuchen, den Ball so über die Schnur oder das Netz in das gegnerische Spielfeld zu werfen, dass er nicht gefangen wird. Fällt der Ball auf den Boden, gibt es für die Mannschaft einen Fehlerpunkt. Dann wird der Ball aufgehoben und weitergespielt. Gelangt der Ball außerhalb des Feldes oder wird er unter der Schnur (dem Netz) hindurchgeworfen, gibt es eine Wiederholung.

TIPP: Das Spiel wird beendet, wenn eine bestimmte Fehlerpunktzahl oder eine vorher festgelegte Zeit erreicht ist.

VARIANTEN: Interessanter ist das Spiel, wenn der Ball erst nach der dritten Ballabgabe innerhalb der Mannschaft über die Schnur (das Netz) in das gegnerische Feld geworfen werden darf.
Fällt er dabei auf den Boden, bekommt die Mannschaft einen Minuspunkt und die dreimalige Ballabgabe wird wiederholt.
Schwerer ist es, wenn der Ball unter der Schnur (dem Netz) hindurchgeworfen werden muss oder wenn mehrere Bälle gleichzeitig benutzt werden.

Ballspiele

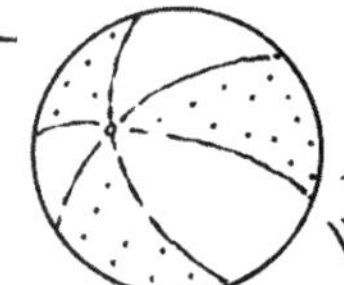

Ballwelle

TRAINIERT: Schnelligkeit, Kraft und Gewandtheit, Reaktion, Sozialverhalten DAUER: ◔
MATERIAL: Zwei kleine Medizin- oder Gymnastikbälle

Es werden zwei gleich große Gruppen gebildet. Die Kinder jeder Gruppe liegen hintereinander mit dem Rücken auf dem Boden. Dabei berühren die nach hinten ausgestreckten Arme gerade noch die Füße des Hintermannes. Das erste Kind jeder Gruppe bekommt den Ball und nimmt ihn zwischen seine Füße.

Auf ein Kommando gibt es den Ball mit den Füßen weiter, indem es eine halbe Rolle rückwärts macht. Erneut wird der Ball mit den Füßen aufgenommen und nach hinten weitergereicht. Der Letzte in der Gruppe nimmt den Ball, rennt nach vorne und gibt den Ball mit den Füßen an seinen Hintermann weiter. Sieger ist die Mannschaft, bei der alle Kinder einmal an der Reihe waren und bei der das erste Kind wieder vorne sitzt.

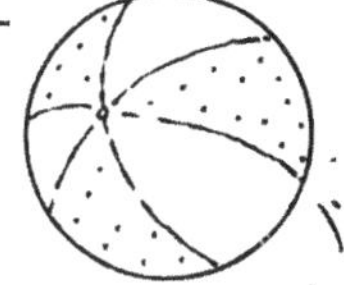

Bauchschmerzen

TRAINIERT: Ausdauer, Reaktion, Balltechnik
DAUER: ◔

MATERIAL: Ein Gymnastik- oder Softball für jeweils zwei Kinder

Jeweils zwei Kinder stehen sich in ca. drei bis vier Metern Entfernung gegenüber. Ihre Aufgabe besteht darin, sich den Ball zuzuwerfen. Gelingt es einem Spieler nicht, den Ball zu fangen, muss er Folgendes sagen:
beim ersten Mal „Kirschen gegessen!";
beim zweiten Mal „Wasser getrunken!";
beim dritten Mal „ Bauchschmerzen bekommen!";
beim vierten Mal „ Fieber bekommen!";
beim fünften Mal „Ins Krankenhaus gekommen!";
beim sechsten Mal „Wieder gesund geworden!". Danach muss das Kind eine große Runde durch die Turnhalle laufen. Anschließend beginnt es wieder mit „Kirschen gegessen!".

Ballspiele

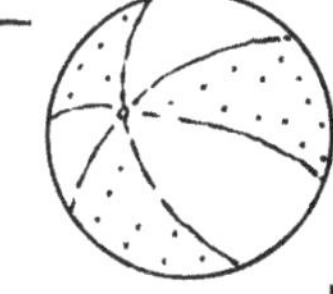

Blinde rollen einen Ball

TRAINIERT: Kraft und Gewandtheit
DAUER: ◔

MATERIAL: Zwei oder mehrere Tücher oder Schals, um die Augen zu verbinden, Seile oder andere Kleingeräte (z. B. Markierungshüte) zum Abgrenzen von zwei oder mehreren Gassen, Gymnastik- oder Medizinbälle zum Rollen

Die Klasse wird in zwei oder mehrere Mannschaften aufgeteilt. Mit den Seilen oder Kleingeräten werden zwei oder mehrere Gassen, je nach Anzahl der Mannschaften, gebildet. Aufgabe der Mannschaften ist es, nacheinander mit verbundenen Augen den Ball so durch die Gasse zu rollen, dass dieser die seitlichen Abgrenzungen nicht berührt. Für jedes Durchrollen ohne Berührung der Abgrenzungen gibt es für die Mannschaft einen Punkt.

VARIANTEN: Schwerer ist es, wenn Hindernisse in der Gasse (z. B. ein kleiner Kasten) aufgebaut werden, die mit dem Ball umrollt werden müssen.

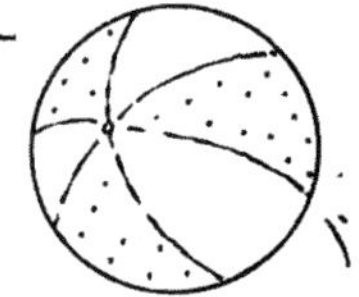

Brennball

TRAINIERT: Schnelligkeit, Ausdauer, Reaktion, Balltechnik, Sozialverhalten DAUER: ◕
MATERIAL: Ein Gymnastikreifen, mehrere kleine Matten, ein Gymnastik- oder Softball

Es werden zwei Mannschaften gebildet. Die Kinder der ersten Mannschaft verteilen sich in dem Spielfeld. Ein Kind dieser Mannschaft wird Brennmeister und steht am „Brenner". Dies ist ein Gymnastikreifen, der im Spielfeld vor der Linie liegt, an der sich die Kinder der zweiten Mannschaft aufstellen. Die Linie liegt außerhalb des Spielfeldes und des Abwurfraumes. An jeder Ecke des Spielfeldes (eventuell auch in der Mitte zwischen zwei Ecken) liegt eine kleine Matte. Das erste Kind der zweiten Mannschaft wirft nun den Ball weit in das Spielfeld hinein. Dann läuft es so schnell es kann los und versucht, von einer Matte zur anderen zu gelangen. Die Kinder der ersten Mannschaft müssen den Ball durch Zuwerfen zum Brennmeister und in den Brenner werfen. Gelangt der Ball in den Brenner, während ein Kind noch zwischen zwei Matten läuft, so ist dieses Kind „verbrannt" und muss ausscheiden. Für jedes Kind, das es schafft, ohne zu „verbrennen" (in Etappen oder auch an einem Stück) um des Spielfeld herumzulaufen, gibt es einen Punkt. Sind alle Kinder der zweiten Mannschaft ausgeschieden, wechseln die Mannschaften. Sieger ist die Mannschaft, die die meisten Punkte erzielt.

TIPP: Es ist sinnvoll, vor Beginn, die Dauer oder eine bestimmte Punktzahl, die erreicht werden muss, festzulegen.

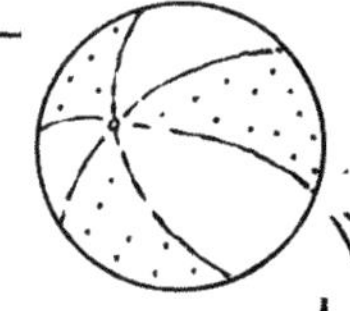

Burgverteidigung

TRAINIERT: Kraft und Gewandtheit, Reaktion, Balltechnik DAUER: ◔
MATERIAL: Mehrere kleine Matten und Bälle, eine Keule

Mehrere kleine Matten werden zu einer Fläche zusammengelegt. Dies ist die Burg. In der Mitte der Burg steht eine Keule, die von einem Kind, dem Keulenwächter, bewacht wird. Alle anderen Kinder befinden sich außerhalb der Burg und müssen mit den Bällen die Keule treffen. Der Keulenwächter versucht, dies durch eine geschickte Körper- und Abwehrhaltung zu verhindern. Ist die Keule getroffen, wird das Kind, das den Treffer erzielt hat, der neue Wächter.

Ballspiele

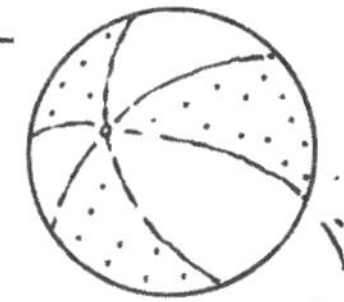

Gefängniswärter

TRAINIERT: Kraft und Gewandtheit, Reaktion, Balltechnik, Sozialverhalten DAUER: ◕
MATERIAL: Zwei Turnbänke, ein Ball, mindestens ein Basketballkorb

Es werden zwei Mannschaften gebildet, die sich in ihrem Spielfeld verteilen und der gegnerischen Mannschaft gegenüberstehen. An der hinteren Seite jedes Spielfeldes steht eine Bank, auf der ein Spieler der gegnerischen Mannschaft, der Gefängniswärter, steht. Die Spieler beider Mannschaften müssen sich mit dem Ball gegenseitig abwerfen. Ist ein Spieler getroffen, so muss er sich auf die Bank am Rande des gegnerischen Spielfeldes stellen. Bekommt der Spieler auf der Bank den Ball und schafft es, von dort einen Gegner abzuwerfen, so darf er wieder in das Spielfeld zurück. Gelingt es dem Gefängniswärter, der auf der Bank steht, den Ball zu fangen, so wird das Spiel unterbrochen und er muss versuchen, den Ball in den Basketballkorb zu werfen. Wenn ihm das gelingt, sind alle Spieler seiner Mannschaft, die sich auf der Bank befinden, wieder frei und dürfen in das Spielfeld zurückkehren.

TIPP: Es ist sinnvoll, vor Beginn die Spielzeit festzulegen.

Ballspiele

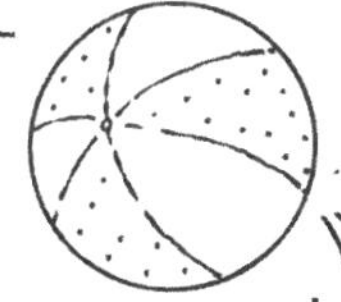

Hasenjagd

TRAINIERT: Balltechnik DAUER: ◔
MATERIAL: Eine kleine Matte und ein kleiner Kasten, pro Schüler ein Kennzeichnungsband und ein Ball

Zwei Kinder sind die Jäger. Diese hängen sich Kennzeichnungsbänder um. Alle anderen sind die Hasen, die sich zu Beginn des Spieles im Spielfeld verteilen. In der Mitte des Feldes liegt die Matte, auf der sich die restlichen Kennzeichnungsbänder befinden. Außerdem steht auf der Matte ein kleiner umgedrehter Kasten, in dem die restlichen Bälle sind. Jeder Jäger bekommt einen Ball und versucht, Hasen zu treffen. Alle getroffenen Hasen legen sich auf den Boden und werden schnell von den zwei Jägern zur kleinen Matte gebracht. Dort hängen sich die getroffenen Hasen ebenfalls ein Kennzeichnungsband um, nehmen sich einen Ball aus dem Kasten und sind nun auch Jäger. Der Hase, der bis zum Schluss nicht getroffen wird, kann der Jäger in einem neuen Spiel sein und darf sich einen weiteren Jäger aussuchen.

Krebsfußball

TRAINIERT: Kraft und Gewandtheit, Reaktion, Sozialverhalten DAUER: ◔

MATERIAL: Ein Gymnastik- oder Softball, eventuell ein Medizinball, zwei Tore, Körbe oder zwei kleine Matten, Kennzeichnungsbänder

Es werden zwei Mannschaften gebildet, von denen sich eine die Kennzeichnungsbänder umhängt. Jede Mannschaft geht in ihr Spielfeld. Am Rand des Feldes der gegnerischen Mannschaft befindet sich das Tor, der Korb oder die Matte. Es gibt keinen Torhüter. Jede Mannschaft versucht, den Ball in das gegnerische Tor zu bringen. Dabei müssen sich die Kinder im Krebsgang fortbewegen, d. h. sie liegen auf dem Rücken und stützen sich auf die Arme und Beine. Der Ball wird mit den Füßen gespielt.

TIPP: Bei diesem Spiel werden die Arme und Beine sehr stark beansprucht. Die Spieldauer sollte deswegen nicht mehr als zehn Minuten betragen.

VARIANTEN: Die Fortbewegungsart kann verändert werden. Die Kinder müssen dann z. B. krabbeln oder im Vierfüßergang den Ball mit den Händen rollen.

Ballspiele

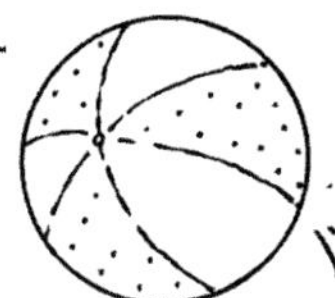

Schatzwächter

TRAINIERT: Schnelligkeit, Kraft und Gewandtheit, Reaktion, Balltechnik, Sozialverhalten

DAUER: ◔

MATERIAL: Pro Gruppe ein Gymnastikball, ein Schuhkarton sowie ein Kasten in Höhe der Schüler

Es werden mehrere Mannschaften mit etwa fünf Kindern gebildet. Vier Kinder jeder Mannschaft stehen ca. fünf bis sechs Meter von ihrem Kasten entfernt. Auf dem Kasten jeder Mannschaft befindet sich ein Schuhkarton. Das fünfte Kind steht vor dem Kasten und muss durch geschickte Körperhaltung verhindern, dass der Karton herunterfällt. Die anderen vier Kinder jeder Mannschaft spielen sich den Ball so zu, dass sie eine Lücke in der Deckung finden. Sie müssen den Schuhkarton so treffen, dass er vom Kasten fällt. Das gibt dann einen Punkt für die Gruppe. Das Kind, das den Treffer erzielt hat, ist der neue Kartonwächter.

Ballspiele

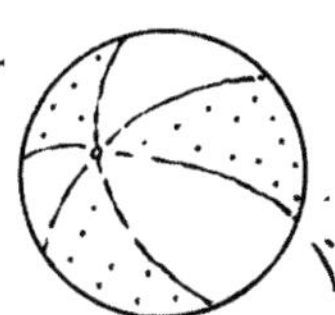

Schneeball werfen

TRAINIERT: Schnelligkeit, Kraft und Gewandtheit, Reaktion, Balltechnik

DAUER: ◔

MATERIAL: Eine kleine Matte, ein kleiner Kasten, Kennzeichnungsbänder für die Kinder der einen Mannschaft, Bälle für die Kinder der anderen Mannschaft

Es werden zwei Mannschaften gebildet. Die Kinder der ersten Mannschaft sind die Schneeflocken, die Kinder der zweiten Mannschaft die Sonnenstrahlen. Die Sonnenstrahlen-Kinder hängen sich Kennzeichnungsbänder um. Die Schneeflocken-Kinder halten einen Ball in der Hand. In der Mitte des Spielfeldes befinden sich die kleine Matte und der umgedrehte kleine Kasten. Ein Kind aus der Schneeflocken-Mannschaft wird zum Schneemann bestimmt, der sich zwischen Matte und Kasten stellen muss. Nun laufen alle Kinder im Spielfeld herum. Aufgabe der Schneeflocken ist es, ihrem Schneemann die Bälle zuzuwerfen. Die von ihm gefangenen Bälle werden im Kasten gesammelt. Die Sonnenstrahlen versuchen, die Bälle der Schneeflocken abzufangen. Haben sie Erfolg, legen sie ihre Beute auf der Matte ab. Der Sieger wird ermittelt, wenn alle Bälle verteilt sind oder wenn eine vorher festgelegte Zeit abgelaufen ist. Anschließend können die Mannschaften wechseln.

Ballspiele

Tigerball

TRAINIERT: Kraft und Gewandtheit, Reaktion, Balltechnik DAUER: ◔

MATERIAL: Ein Ball, pro Kreiskind ein Gerät (z. B. kleine Kästen, große Kästen, Tücher und Seile)

Alle Geräte werden in einem Kreis angeordnet. Jedes Kind besetzt ein Gerät. Zwei oder mehrere Tiger befinden sich in dem Kreis. Die Kinder auf den Geräten spielen sich den Ball zu. Gelingt es einem Tiger, den Ball zu berühren oder fällt dieser auf den Boden, so müssen alle Kinder schnell die Plätze wechseln. Die beiden Tiger versuchen, auf einem Gerät einen Platz zu ergattern. Die beiden Kinder, die keinen Platz gefunden haben, sind die neuen Tiger.

VARIANTEN: Durch mehrere Bälle wird das Spiel erschwert.

Ballspiele

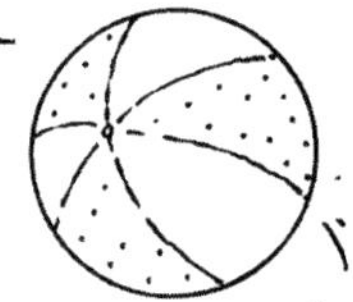

Trefferball

TRAINIERT: Schnelligkeit, Ausdauer, Kraft und Gewandtheit, Reaktion, Balltechnik DAUER: ◔

MATERIAL: Ein Gymnastik- oder Softball

Es werden zwei Mannschaften gebildet. Die Kinder der ersten Mannschaft verteilen sich in einem Spielfeld. Die Kinder der zweiten Mannschaft erhalten einen Ball und stehen an den vier Linien außerhalb des Feldes. Sie versuchen, sich den Ball zuzuspielen und durch gezielte Würfe die Innenspieler zu treffen. Jeder Treffer wird gezählt. Bleibt der Ball im Feld liegen, so müssen sich die Außenspieler den Ball aus dem Feld holen. Nach einer vorgegebenen Zeit oder Anzahl der Trefferpunkte wird gewechselt: Die Außenmannschaft geht nun in das Feld; die Kinder der Innenmannschaft stellen sich um das Spielfeld herum.

TIPP: Es ist sinnvoll, die Spielzeit festzulegen.

Überraschungsball

TRAINIERT: Kraft und Gewandtheit, Reaktion, Balltechnik DAUER: ◕
MATERIAL: Bänke, kleine Matten, mehrere Bälle

Die Kinder bilden zwei Mannschaften und verteilen sich in ihrem jeweiligen Spielfeld. Die beiden Felder werden durch eine hohe Mauer getrennt. Dazu werden die Matten zwischen zwei Bankreihen aufrecht eingeklemmt. Nun werden die Bälle von einer Mannschaft über die Mauer in das Feld der anderen Mannschaft geworfen. Für alle Bälle, die nicht gefangen werden und auf dem Boden landen, bekommt die Mannschaft, in deren Feld die Bälle gelandet sind, einen Minuspunkt.

Versteinert

TRAINIERT: Schnelligkeit, Balltechnik DAUER: ◔
MATERIAL: Pro Werfer ein Soft- oder Gymnastikball

Es werden zwei Gruppen gebildet: Werfer und Ausreißer. Die Ausreißer stellen sich nebeneinander an einer Linie auf. Hinter ihnen stehen die Werfer mit dem Ball in der Hand. Auf ein Kommando laufen die Ausreißer los und es wird laut „1, 2, 3, 4 ... Stopp!" gerufen. Bei „Stopp" bleiben die Ausreißer wie versteinert stehen und die Werfer versuchen, mit je einem Wurf Versteinerte zu treffen. Wer getroffen ist, wird im nächsten Durchgang zum Werfer. Sieger ist das Kind, das bis zum Schluss nicht getroffen wurde.

TIPP: Nach einem Spieldurchgang sollten die Werfer zu Ausreißern und die Ausreißer zu Werfern werden.

Ballspiele

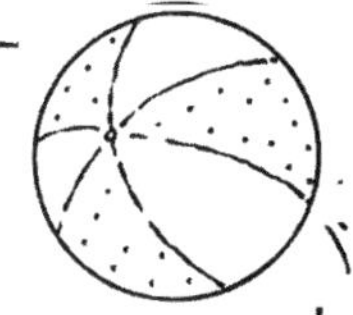

Zehnerfangen

TRAINIERT: Reaktion, Balltechnik, Sozialverhalten DAUER: ◔
MATERIAL: Ein Ball

Es werden zwei Mannschaften gebildet. Die erste Mannschaft beginnt, sich den Ball zuzuspielen, ohne dass er auf den Hallenboden fällt. Diese Mannschaft muss mindestens zehn Ballwechsel hintereinander schaffen. Gleichzeitig versucht die zweite Mannschaft das zu verhindern, indem sie den Ball abfängt. Hat sich die erste Mannschaft zehnmal erfolgreich den Ball zugespielt, bekommt sie einen Punkt. Dann beginnt die zweite Mannschaft, sich den Ball zuzuspielen. Sieger ist die Mannschaft, die die meisten Punkte erzielt hat.

TIPP: Um die Spieler der Mannschaften unterscheiden zu können, sollte sich eine Mannschaft Kennzeichnungsbänder umhängen. Sinnvoll ist es auch, vor Beginn die Spielzeit festzulegen.

Ballspiele

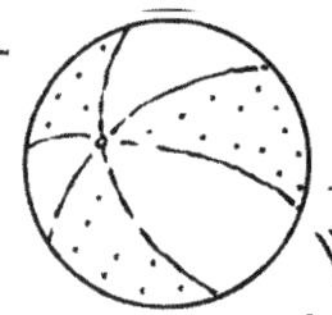

Zwei-Felder-Ball (Völkerball)

TRAINIERT: Schnelligkeit, Ausdauer, Kraft und Gewandtheit, Reaktion, Balltechnik DAUER: ◕
MATERIAL: Ein Ball

Es werden zwei Mannschaften gebildet. Jede befindet sich in einem Spielfeld. Am äußeren Rand jedes Feldes steht der Torhüter der gegnerischen Mannschaft. Die Spieler jeder Mannschaft müssen die gegnerischen Spieler abwerfen. Wer abgeworfen wurde, stellt sich zu seinem Torhüter. Von dort können die getroffenen Spieler versuchen, falls sie in den Besitz des Balles gelangen, Gegner abzuwerfen. Ist ihnen das gelungen, dürfen sie in das eigene Spielfeld zurückkehren. Sind von einer Mannschaft alle Spieler getroffen, so darf der Torhüter in das Spielfeld gehen. Wenn er dreimal getroffen wurde, ist das Spiel beendet. Wird er nur ein- oder zweimal getroffen und kommt ein anderer Spieler wieder in das Feld, so geht der Torhüter wieder an den Rand des gegnerischen Feldes und hat bei einem erneuten Einsatz wieder drei Treffermöglichkeiten.

TIPP: Es ist sinnvoll, die Spielzeit festzulegen.

VARIANTEN: Schwerer ist das Spiel, wenn Kinder aus der gegnerischen Mannschaft nur abgeworfen werden dürfen, wenn der Ball zuvor gefangen wurde.

3. Wettspiele

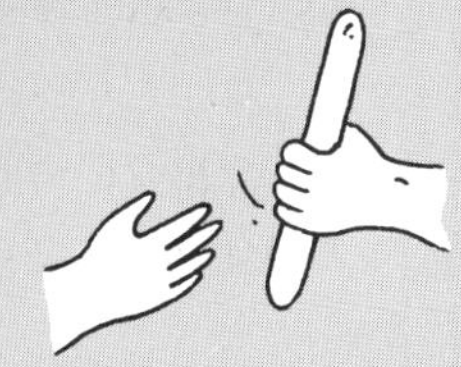

Wettspiele

Ab die Post!

TRAINIERT: Schnelligkeit, Kraft und Gewandtheit, Sozialverhalten — DAUER: ◔
MATERIAL: Pro Gruppe eine kleine Matte

Es werden zwei Mannschaften gebildet. Beide werden wiederum in zwei gleich große Gruppen aufgeteilt, die sich mit größerem Abstand gegenüberstehen. Jede Mannschaft bekommt eine Matte, die das Paket ist. Auf ein Kommando fassen immer vier Kinder einer Mannschaft das Paket an und tragen es auf die gegenüberliegende Seite. Dort legen sie das Paket ab und die nächsten vier Kinder sind an der Reihe.

TIPP: Sind die Matten vom Gewicht her sehr leicht, können auch immer zwei Kinder eine Matte tragen.

VARIANTEN: Die Kinder fahren ein Postauto (eine Matte, die sich auf Rollbrettern befindet). Das Postauto wird immer nur von einem Kind geschoben. Die Fahrt wird schwieriger, wenn Hindernisse aufgebaut werden.

Wettspiele

Anhänger-Staffel

TRAINIERT: Schnelligkeit, Ausdauer, Kraft und Gewandtheit, Sozialverhalten — DAUER: ◔
MATERIAL: Fahnenstangen, Ständer, kleine Kästen oder Ähnliches, pro Kind ein Tuch

Es werden mehrere gleich große Gruppen gebildet. Die Kinder jeder Gruppe bekommen ein Tuch und stellen sich hintereinander an einer Linie auf. Gegenüber jeder Gruppe wird mit größerem Abstand jeweils eine Fahnenstange (Ständer oder Kasten) als Markierungspunkt aufgestellt. Auf ein Kommando läuft das erste Kind jeder Gruppe los, um das Mal seiner Gruppe herum und schnell wieder zum Ausgangspunkt zurück. Dort angekommen, hängt sich das zweite Kind an dem Tuch des ersten an und gemeinsam laufen sie um die Markierung herum und wieder zu ihrer Gruppe zurück. Jetzt schließt sich das dritte Kind aus ihrer Gruppe an usw. Sieger ist die Gruppe, die zum Schluss mit allen Kindern die Ausgangslinie erreicht hat.

VARIANTEN: Schwerer ist das Spiel, wenn die Fortbewegungsarten geändert werden und die Kinder z. B. rückwärts laufen, auf allen vieren kriechen etc.

Diener bringen das Frühstück

TRAINIERT: Schnelligkeit, Kraft und Gewandtheit DAUER: ◔
MATERIAL: Pro Gruppe ein Tablett, auf dem ein Plastikbecher, ein Plastikteller und ein hart gekochtes Ei (oder ein Tischtennisball) in einem Eierbecher stehen

Es werden zwei Mannschaften gebildet. Beide werden wiederum in zwei gleich große Gruppen aufgeteilt, die sich mit größerem Abstand gegenüberstehen. Jede Mannschaft bekommt ein Tablett. Auf ein Kommando laufen die ersten Kinder jeder Mannschaft mit dem Tablett los und geben es dem Kind auf der gegenüberliegenden Seite. Dieses läuft dann auch mit dem Tablett los. Sollte etwas auf dem Tablett umkippen oder herunterfallen, so muss das Kind noch mal zur Ausgangslinie zurücklaufen und erneut starten, nachdem es das Tablett wieder in Ordnung gebracht hat.

VARIANTEN: Es können verschiedene Hindernisse aufgebaut werden, die der Diener mit dem Tablett umlaufen oder überwinden muss.

Dummer August

TRAINIERT: Schnelligkeit, Kraft und Gewandtheit, Sozialverhalten DAUER: ◔
MATERIAL: Für jede Gruppe die gleichen Kleidungsstücke (Hose, Hemd, Jacke, Regenschirm, große Schuhe, Hut, Krawatte, Handschuhe) sowie eine große Weichbodenmatte, die zwischen den beiden Gruppen einer Mannschaft liegt

Es werden zwei Gruppen gebildet, deren Kinder sich gegenüberstehen.
Ein Kind aus jeder Gruppe, der „Dumme August", steht neben dem „Schrank" (große Matte, auf der alle Kleidungsstücke liegen). Auf ein Kommando läuft das Kind aus der jeweiligen ersten Gruppe zu dem Schrank, nimmt ein Kleidungsstück heraus, zieht es dem „Dummen August" an, rennt zu dem Kind aus der gegenüberliegenden Gruppe und schlägt es an. Dieses wiederum läuft zum Schrank, nimmt ein Kleidungsstück heraus, zieht es dem „Dummen August" an und läuft zum nächsten Kind auf der gegenüberliegenden Seite. Die Mannschaft, die als erstes den „Dummen August" vollständig angezogen hat, ist der Sieger.

TIPP: Vor Spielbeginn sollte die Laufstrecke geübt werden, damit alle Kinder den Spielablauf besser verstehen.

Eierlauf

TRAINIERT: Schnelligkeit, Kraft und Gewandtheit
DAUER: ◔
MATERIAL: Pro Gruppe ein Teelöffel und ein Tischtennisball oder ein hart gekochtes Ei

Es werden zwei Mannschaften gebildet. Beide werden wiederum in zwei gleich große Gruppen aufgeteilt, die sich mit größerem Abstand gegenüberstehen. Das erste Kind jeder Mannschaft hält den Teelöffel mit dem Tischtennisball oder dem Ei in der Hand. Nach einem Kommando muss es zum gegenüberstehenden Kind laufen, dem es den Löffel übergibt. Fällt der Tischtennisball oder das Ei herunter, so muss das Kind zum Ausgangspunkt zurückkehren und noch mal von vorne beginnen.

Goldene Kugeln klauen

TRAINIERT: Schnelligkeit, Ausdauer, Kraft und Gewandtheit, Reaktion, Sozialverhalten
DAUER: ◕
MATERIAL: Zwei umgedrehte große Kastenoberteile mit jeweils gleich vielen Bällen, Kennzeichnungsbänder, pro Gruppe ein Gymnastikreifen oder ein umgedrehter kleiner Kasten, in den die geraubten goldenen Kugeln gelegt werden

Es werden zwei Gruppen gebildet, von denen sich eine die Kennzeichnungsbänder umhängt. Jede Gruppe hat in ihrem Spielfeld eine Burg (Basketballkreis oder ein entsprechender Kreis, der mit Seilen gekennzeichnet ist). In dieser Burg befinden sich ein kleiner umgedrehter Kasten oder ein Gymnastikreifen, in den später die geraubten goldenen Kugeln gelegt werden, sowie die eigene Schatzkiste mit den goldenen Kugeln (umgedrehtes Kastenoberteil). Dieser Schatz muss natürlich bewacht werden! Gleichzeitig versuchen die Spieler aber, die gegnerischen Kugeln zu rauben. Dabei darf jeder Spieler immer nur eine goldene Kugel aus dem Spielfeld des Gegners holen. Wird dieser Spieler von dem Gegner berührt, ist er gefangen und muss sich sofort hinsetzen und die gestohlene Kugel zurückgeben. Der Spieler kann befreit werden und wieder mitspielen, wenn ihn ein Spieler seiner Mannschaft berührt. Sieger ist die Mannschaft, die es geschafft hat, alle goldenen Kugeln des Gegners zu rauben.

Wettspiele

Hindernislauf

TRAINIERT: Schnelligkeit, Kraft und Gewandtheit, Sprungkraft — DAUER: ◔
MATERIAL: Pro Gruppe kleine Kästen und Teile eines großen Kastens, eine Bank und, falls vorhanden, ein Kriechtunnel

Es werden zwei Mannschaften gebildet. Beide werden wiederum in zwei gleich große Gruppen aufgeteilt, die sich mit größerem Abstand gegenüberstehen. Die kleinen Kästen, die Teile der großen Kästen und eventuell der Kriechtunnel werden mit Abstand hintereinander aufgebaut, sodass sie übersprungen bzw. durchbrochen werden können. Auf ein Kommando rennen die ersten Kinder der beiden Mannschaften los und überqueren den Hindernisparcours. Auf der anderen Seite wartet bereits das nächste Kind der Gruppe, das loslaufen darf, sobald es angeschlagen wird.

VARIANTEN: Die Fortbewegungsart kann geändert werden. Die Kinder müssen dann z. B. durch die Geräte (Kriechtunnel, aufrecht stehende Kastenteile etc.) kriechen. Außerdem können noch weitere Hindernisse aufgebaut werden.

Wettspiele

Inselhüpfen

TRAINIERT: Schnelligkeit, Kraft und Gewandtheit, Sozialverhalten — DAUER: ◔
MATERIAL: Pro Schüler eine Teppichfliese oder ein Tuch

Die Kinder werden in zwei Gruppen eingeteilt. Jedes Kind hat eine Teppichfliese oder ein Tuch in der Hand. Dies sind die Inseln. Nach dem Startkommando bewegen sich die Kinder von Insel zu Insel, d. h. von Teppichfliese zu Teppichfliese, ohne in das Meer zu fallen. Sieger ist die Gruppe, die es schafft, als erste auf dem gegenüberliegenden Ufer anzukommen.

Krankenwagenfahrt

TRAINIERT: Schnelligkeit, Kraft und Gewandtheit, Sozialverhalten DAUER: ◔
MATERIAL: Pro Gruppe zwei Stäbe und ein Ball (gut eignet sich ein Softball)

Es werden zwei Mannschaften gebildet. Beide werden wiederum in zwei gleich große Gruppen aufgeteilt, die sich mit größerem Abstand gegenüberstehen. Immer zwei Kinder aus einer Gruppe fahren den Krankenwagen, d. h. sie fassen die beiden Stäbe an den Enden an und klemmen mit diesen einen Ball ein. Auf ein Kommando laufen sie auf die gegenüberliegende Seite und legen die Stäbe mit dem Ball auf den Boden. Dann „steigen" die nächsten zwei Kinder in den Krankenwagen ein und fahren los. Fällt der Ball beim Laufen aus den Stäben, so müssen die beiden Kinder von vorne starten.

VARIANTEN: Es können Hindernisse aufgebaut werden, um die die Kinder herumlaufen müssen.

Omnibusfahrt

TRAINIERT: Schnelligkeit, Kraft und Gewandtheit, Sozialverhalten DAUER: ◔
MATERIAL: Zwei kleine Matten, zwei offene Kastenoberteile, zwei Markierungshüte oder Fahnenstangen

Es werden zwei Mannschaften gebildet. Vor jeder Mannschaft liegt eine kleine Matte, auf der sich das Kastenoberteil, der Omnibus, befindet. In einigem Abstand steht gegenüber auf der anderen Seite eine Fahnenstange oder ein Markierungshut. Auf ein Kommando steigen zwei Kinder jeder Gruppe in den Bus, nehmen das Kastenoberteil mit den Händen hoch und fahren los: um die Fahnenstange herum und wieder auf die Matte zurück. An dieser Bushaltestelle parken sie den Bus und steigen aus. Die nächsten beiden Kinder steigen hinein und fahren los. Sieger ist die Mannschaft, die insgesamt am schnellsten gefahren ist.

VARIANTE: Es können auch mehrere Kinder mit einem Bus fahren. Die Anzahl der Kinder pro Busfahrt sollte jedoch vorher festgelegt werden.

Pferderennen

TRAINIERT: Schnelligkeit, Kraft und Gewandtheit, Sozialverhalten DAUER: ◔
MATERIAL: Pro Dreiergruppe eine Teppichfliese oder ein Tuch sowie ein Springseil, außerdem Markierungshüte oder Fahnenstangen

Bei diesem Spiel ist es einmal andersherum: Das Pferd darf sich ausruhen und lässt sich von den Reitern ziehen. Es werden mehrere Gruppen gebildet, wobei sich die Zahl der Gruppenmitglieder durch drei teilen lassen muss. Jede Gruppe bekommt eine Teppichfliese oder ein Tuch. Auf der gegenüberliegenden Seite einer Gruppe befindet sich ein Markierungshut bzw. eine Fahnenstange. Auf ein Kommando setzt sich ein Kind auf die Teppichfliese oder das Tuch und nimmt das Springseil so in die Hand, dass die beiden anderen Kinder, die Reiter, das Pferd um den Markierungshut herum und wieder zurück ziehen können. Dann ist das nächste Dreiergespann an der Reihe. Sieger ist die Gruppe, bei der zuerst alle Kinder ihre Pferde um die Markierung herumgezogen haben.

VARIANTE: Schwerer ist es, wenn nur ein Reiter das Pferd zieht.

Popcornlauf

TRAINIERT: Schnelligkeit, Kraft und Gewandtheit, Sozialverhalten DAUER: ◔
MATERIAL: Pro Gruppe zwei kleine umgedrehte Kästen, eine bestimmte Anzahl von Bällen und ein Tuch

Es werden mehrere Gruppen gebildet. Vor jeder Gruppe steht ein kleiner umgedrehter Kasten mit mehreren Bällen, dem Popcorn, darin. In einiger Entfernung gegenüber steht ein zweiter kleiner umgedrehter Kasten. Jeweils zwei Schüler müssen, nachdem das Startkommando gegeben worden ist, das Tuch nehmen und ein Popcorn (also einen Ball) darauflegen. Dann laufen sie auf die gegenüberliegende Seite und legen das Popcorn in den Kasten. Anschließend rennen sie zu ihrer Gruppe zurück und übergeben das Tuch an die nächsten beiden Kindern. Die laden auch wieder ein Popcorn auf und laufen los. Sieger ist die Gruppe, die ihr Popcorn am schnellsten befördert hat.

Wettspiele

Räumt die Reifen!

TRAINIERT: Schnelligkeit, Kraft und Gewandtheit, Sprungkraft — DAUER: ◔
MATERIAL: Pro Gruppe drei kleine Matten, sechs Reifen mit Gegenständen, die nicht rollen können, ein großer Kasten

Es werden zwei Mannschaften gebildet. Beide werden wiederum in zwei gleich große Gruppen aufgeteilt, die sich mit größerem Abstand gegenüberstehen. Auf ein Kommando müssen die ersten Kinder auf einer kleinen Matte, die vor ihrer Gruppe liegt, eine Rolle vorwärts machen. Rechts und links neben der Matte liegen jeweils drei Reifen. In den Reifen auf der rechten Seiten befinden sich Gegenstände. Das Kind muss jetzt alle Gegenstände aus den rechten in die linken Reifen bringen. Danach klettert es von einer kleinen Matte aus auf einen großen Kasten und springt an dessen schmaler Seite hinunter auf eine kleine Matte. Anschließend läuft es weiter zum nächsten Kind und schlägt dieses an. Dieses Kind läuft los und überquert den Parcours in umgekehrter Reihenfolge. Klettert also zuerst auf den Kasten und springt herunter. Dann nimmt es alle Gegenstände aus den drei linken Reifen heraus und bringt sie in die drei rechten Reifen, macht dann eine Rolle vorwärts auf der kleinen Matte, bevor es das nächste Kind anschlägt.

VARIANTEN: Auf der kleinen Matte kann auch eine Rolle rückwärts oder ein Rad gemacht werden. Außerdem kann die Fortbewegungsart geändert werden. Die Kinder müssen dann z. B. auf allen vieren kriechen oder auf beiden Beinen hüpfen.

Wettspiele

Sackhüpfen

TRAINIERT: Schnelligkeit, Kraft und Gewandtheit, Sprungkraft — DAUER: ◔
MATERIAL: Pro Gruppe ein Kartoffelsack oder ein großes zusammengenähtes Betttuch

Es werden zwei Mannschaften gebildet. Beide werden wiederum in zwei gleich große Gruppen aufgeteilt, die sich mit größerem Abstand gegenüberstehen. Auf ein Kommando steigt das erste Kind einer Mannschaft in seinen Sack und hüpft auf die gegenüberliegende Seite. Dort schlägt es das nächste Kind an und schlüpft aus dem Sack. Das nächste Kind steigt hinein und hüpft zurück. Dort erfolgt der nächste Wechsel.

VARIANTEN: Schwerer ist es, wenn die Kinder Hindernisse wie z. B. einen kleinen Kasten oder eine Bank überwinden müssen.

Schlafanzugrennen

TRAINIERT: Schnelligkeit, Kraft und Gewandtheit DAUER: ◔
MATERIAL: Pro Gruppe eine Schlafanzughose und eine Schlafanzugjacke

Es werden zwei Mannschaften gebildet. Beide werden wiederum in zwei gleich große Gruppen aufgeteilt, die sich mit größerem Abstand gegenüberstehen. Das erste Kind aus jeder Mannschaft zieht sich den Schlafanzug an und rennt, nachdem das Kommando gegeben worden ist, zu dem gegenüberstehenden Kind. Dort zieht es den Schlafanzug aus. Das nächste Kind zieht ihn schnell wieder an, um dann zum nächsten Kind zu rennen.

VARIANTEN: Das Spiel ist schwerer, wenn Hindernisse aufgebaut werden.

Turnschuhlauf

TRAINIERT: Schnelligkeit DAUER: ◔
MATERIAL: Eine zwischen den beiden Mannschaften quer gespannte Zauberschnur oder Leine, Wäscheklammern sowie die Turnschuhe aller Kinder

Es werden zwei Mannschaften gebildet. Beide werden wiederum in zwei gleich große Gruppen aufgeteilt, die sich mit größerem Abstand gegenüberstehen. Zwischen den zwei Spielfeldern wird eine Zauberschnur oder Leine gespannt. In jeder Gruppe ziehen die Kinder ihre Turnschuhe aus, machen an jeden Turnschuh eine Wäscheklammer und halten die Schuhe in der Hand (die Strümpfe müssen auch ausgezogen werden, sodass alle Kinder barfuß laufen). Auf ein Kommando rennen die Startläufer der vier Gruppen mit den Turnschuhen in den Händen zur Wäscheleine. Dort hängen sie die Schuhe auf und laufen zurück, um die nächsten Kinder anzuschlagen.

4. Reaktions- und Geschicklichkeitsspiele

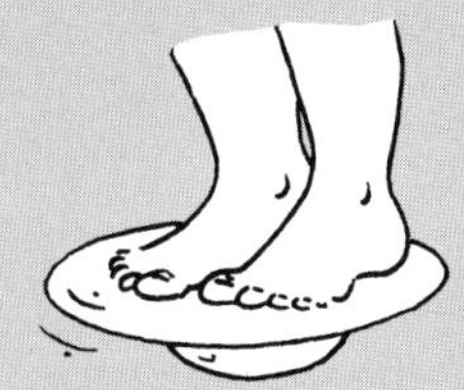

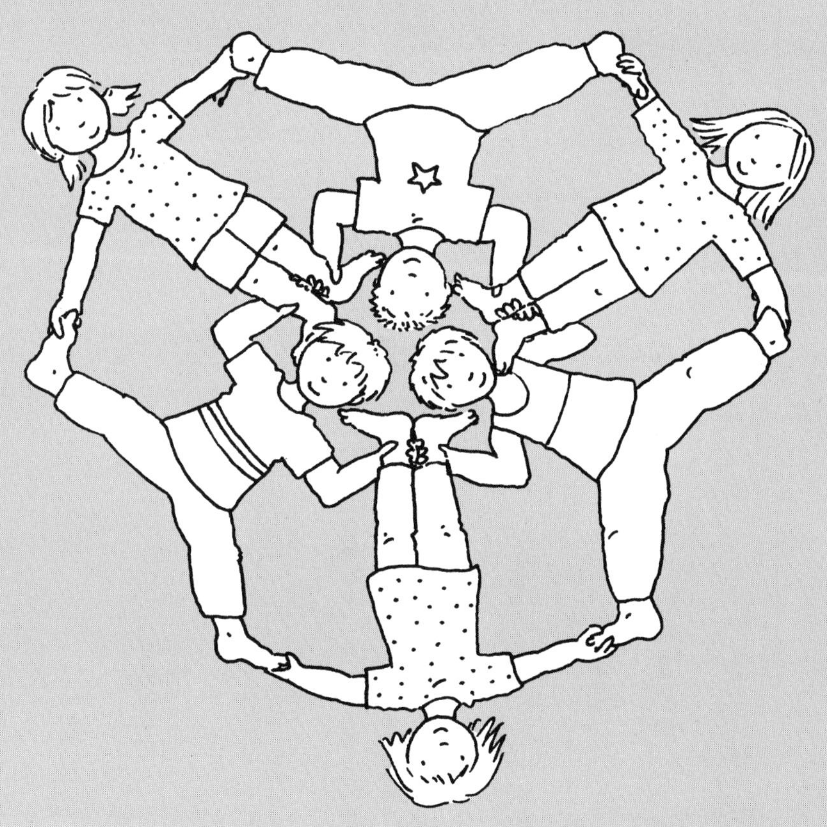

Affenspiel

TRAINIERT: Schnelligkeit, Ausdauer, Kraft und Gewandtheit, Sprungkraft DAUER: ◕
MATERIAL: Klettertaue, verschiedene Geräte, wie z. B. kleine und große Kästen, Matten und Barren

Um die Taue herum werden die Geräte in einem Parcours so aufgebaut, dass sie durch Springen von benachbarten Geräten aus leicht erreicht werden können. Ein Kind wird zum Affenfänger bestimmt, alle anderen sind die Affen. Die Affen und der Affenfänger dürfen sich nur auf den Tauen und Geräten bewegen. Der Affenfänger muss versuchen, Affen zu fangen. Gefangene Affen scheiden aus. Berührt ein Affe den Boden der Turnhalle, scheidet er auch aus und gilt als gefangen. Berührt der Affenfänger den Boden, dürfen alle ausgeschiedenen Affen wieder mitspielen. Für alle ausgeschiedenen Affen, die am Schluss am Spielfeldrand sitzen, bekommt der Affenfänger einen Punkt.

TIPP: Es ist sinnvoll, die Spieldauer festzulegen.

Affe, Palme, Elefant

TRAINIERT: Ausdauer, Reaktion DAUER: ◔
MATERIAL: Keins

Alle Kinder laufen in der Halle herum. Ruft der Lehrer „Affe", „Palme" oder „Elefant", so finden sich immer drei Kinder, die die genannte Figur darstellen, schnell zusammen. Die Gruppe, die dabei am schnellsten ist, ist der Sieger. Die langsamste Gruppe bekommt eine Extraaufgabe, z. B. mehrere Kniebeugen machen oder mit den Partnern Schubkarre fahren, die sofort ausgeführt werden muss. Vor Spielbeginn müssen die Figuren Affe, Palme und Elefant mit den Kindern besprochen und auch gezeigt werden:

Affe: Ein Kind aus der Dreiergruppe kniet sich auf den Boden und knabbert eine Nuss. Die beiden anderen Kinder stellen sich rechts und links daneben und halten ein rechtes und ein linkes Brillenglas, das sie mit Daumen und Zeigefinger formen, vor die Augen des knienden Kindes.

Palme: Alle Kinder der Dreiergruppe fassen sich an die Hände, halten diese nach oben und bewegen sich dabei, wie eine Plame im Wind, hin und her.

Elefant: Ein Kind aus der Dreiergruppe bildet mit seinen Armen einen Rüssel, indem es eine Hand auf die gegenüberliegende Schulter legt und den freien Arm durch den nun angewinkelten Arm steckt. Die beiden anderen Kinder stehen rechts und links daneben und stellen mit ihren Händen die Ohren dar.

Reaktions- und Geschicklichkeitsspiele

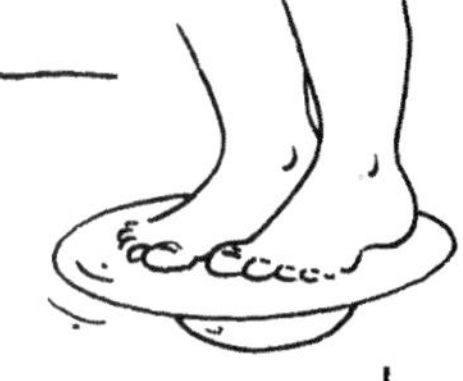

Ausbrecher

TRAINIERT: Kraft und Gewandtheit, Sozialverhalten DAUER: ◔
MATERIAL: Keins

Es werden zwei gleich große Gruppen gebildet. Zwei bis vier Kinder jeder Gruppe (abhängig von der Gruppengröße) sind im Kreis. Die anderen Kinder fassen sich an den Händen an und bilden einen Kreis. Auf ein Kommando des Lehrers müssen die Kinder, die sich im Kreis befinden, ausbrechen. Sieger ist die Gruppe, bei der die beiden Kreiskinder den Ausbruch nicht schaffen.

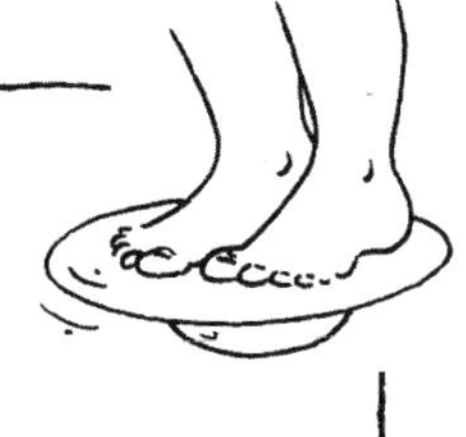

Ballontransport

TRAINIERT: Schnelligkeit, Kraft und Gewandtheit, Sozialverhalten DAUER: ◔
MATERIAL: Mehrere große aufgeblasene Luftballons oder Softbälle, zwei Markierungshüte

Die Klasse wird in zwei Gruppen aufgeteilt. Die Kinder der beiden Gruppen bilden Paare. Jedes Paar klemmt einen Luftballon zwischen sich ein. Auf ein Kommando bewegen sich die Ballonschlangen vorwärts, um die Markierungshüte herum und wieder zum Startpunkt zurück. Dabei müssen die Kinder darauf achten, dass kein Ballon auf den Boden fällt oder platzt. Fällt er herunter, so muss das Paar noch mal von vorne beginnen. Für das Platzen eines Ballons erhält die ganze Gruppe einen Minuspunkt.

VARIANTEN: Das Spiel wird schwieriger, wenn Hindernisse (z. B. ein kleiner Kasten oder eine Bank) aufgebaut werden.

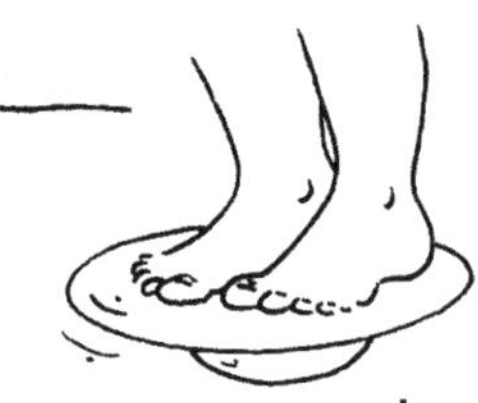

Der Weiße Hai

TRAINIERT: Schnelligkeit, Ausdauer, Kraft und Gewandtheit DAUER: ◔
MATERIAL: Mehrere kleine Kästen, auf die eine dicke Weichbodenmatte gelegt wird, um eine Insel darzustellen

Ein Kind ist der Weiße Hai. Er schwimmt mit den anderen Kindern im Meer (Turnhalle) herum und versucht, Kinder zu fressen, indem er diese berührt. Wer vom Weißen Hai gefressen worden ist, scheidet aus. Die Kinder können versuchen, sich auf die Insel zu retten. Diese wird jedoch vom Lehrer verteidigt. Wenn die Kinder es trotzdem schaffen, sich zu retten, dürfen sie dort verweilen. Der Lehrer versucht allerdings, die Kinder wieder ins Meer zu bringen. Das Kind, das als letztes vom Weißen Hai gefressen wird, kann in einem neuen Spieldurchgang der Weiße Hai sein.

Elektrische Geräte

TRAINIERT: Ausdauer, Reaktion DAUER: ◑
MATERIAL: Ein Tamburin oder eine Pfeife oder Rassel

Alle Schüler sind elektrische Geräte, die eingeschaltet sind. Jeder Schüler macht die für sein Gerät typischen Bewegungen und läuft durch die Halle. Dabei dürfen die Geräte nicht zusammenstoßen. Passiert dies dennoch, so entsteht ein Kurzschluss, die beiden Stromgeräte fallen aus und legen sich auf den Turnhallenboden. Schlägt der Lehrer zweimal auf das Tamburin oder pfeift er zweimal, sind alle Geräte ausgeschaltet und die Kinder müssen sofort stehen bleiben. Beim nächsten Schlag auf das Tamburin oder dem nächsten Pfiff sind alle Geräte wieder angeschaltet und laufen wie am Anfang durch die Halle. Mehrmaliges Schlagen bzw. Pfeifen bedeutet Stromausfall. Alle Kinder legen sich schnell auf den Boden und warten, bis der Zuruf kommt: „Der Strom ist wieder eingeschaltet."

VARIANTEN: Das Kind, das als Letztes reagiert, muss ausscheiden. Der Sieger kann in einem erneuten Spieldurchgang die Rolle des Lehrers übernehmen.

Reaktions- und Geschicklichkeitsspiele

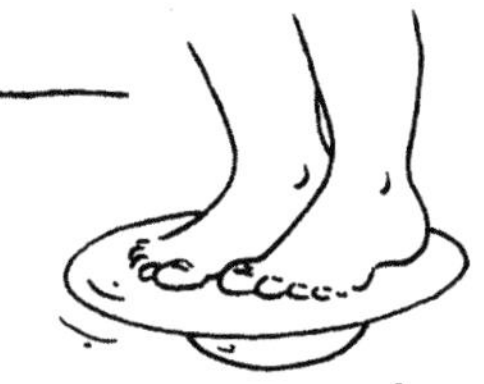

Geselle und Meister

TRAINIERT: Schnelligkeit, Reaktion DAUER: ◑
MATERIAL: Keins

Es werden zwei Gruppen gebildet. Eine Gruppe stellt die Gesellen dar, die andere die Meister. Die Gesellen überlegen sich gemeinsam einen Beruf, den sie pantomimisch den Meistern darstellen. Hat ein Kind den Beruf erraten und ausgerufen, so müssen die Gesellen schnell hinter eine vorher vereinbarte Linie laufen. Die Meister müssen die Gesellen fangen. Alle gefangenen Gesellen werden zu Meistern. Nun ist die Gruppe der Meister dran, einen Beruf pantomimisch darzustellen. Sieger ist die Mannschaft, welche zum Schluss die meisten Kinder hat.

TIPP: Es ist sinnvoll, die Spielzeit festzulegen oder zu vereinbaren, wie viele Kinder in einer Gruppe sein sollen. Wer diese Zahl zuerst erreicht, hat gewonnen.

Keulentransporter

TRAINIERT: Schnelligkeit, Kraft und Gewandtheit — DAUER: ◔
MATERIAL: Pro Gruppe ein Rollbrett, auf dem drei Keulen stehen, Markierungshüte oder Fahnenstangen

Es werden zwei Mannschaften gebildet. In einiger Entfernung von jeder Mannschaft befindet sich ein Markierungshut oder eine Fahnenstange. Auf ein Kommando müssen die ersten Kinder jeder Gruppe starten. Sie schieben das Rollbrett mit den drei Keulen um den Markierungshut herum und wieder zur Gruppe zurück, sodass das nächste Kind an die Reihe kommt. Fallen eine oder mehrere Keulen auf dem Rollbrett um, so muss das Kind noch mal von vorne beginnen. Sieger ist die Gruppe mit den schnellsten Kindern.

VARIANTEN: Schwerer wird es, wenn man z. B. folgende Hindernisse aufbaut:

- kleine Kästen,
- auf beide Seiten eines kleinen Kastens eine Bank einhängen, sodass das Rollbrett auf der einen Seite nach oben und auf der anderen Seite wieder nach unten geschoben werden muss,
- Reifen, die umfahren werden müssen,
- kleine Tunnel (z. B. zwischen der Turnhallenwand und einer Bank eine Matte wie einen Tunnel einklemmen).

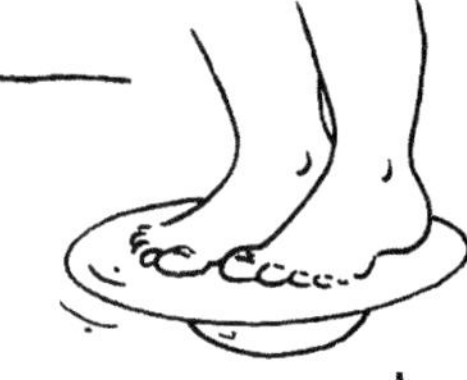

Kling – Klong

TRAINIERT: Kraft und Gewandtheit, Reaktion, Sozialverhalten — DAUER: ◔
MATERIAL: Pro Kind ein Stab

Jedes Kind bekommt einen Stab, mit dem es sich im Kreis aufstellt. Die Kinder nehmen ihre Stäbe in die rechte Hand und stellen ihn neben sich auf den Hallenboden. Nun sagen sie gemeinsam: „Kling – Klong“. Bei „Klong“ lassen sie ihren eigenen Stab los und machen einen Schritt nach links. Gleichzeitig versuchen sie, den Stab des linken Kindes mit der rechten Hand zu greifen. Lässt ein Kind den Stab fallen, scheidet es aus. Sieger ist das Kind, das es bis zum Schluss schafft, keinen Stab fallen zu lassen.

Magnet und Metall

TRAINIERT: Reaktion
MATERIAL: Kennzeichnungsbänder

DAUER:

Es werden zwei Mannschaften gebildet, von denen sich die Kinder der einen Mannschaft die Kennzeichnungsbänder umhängen. Dies sind die Magnete, während die anderen Kinder die Metalle darstellen. Alle Kinder laufen in der Halle herum. Auf ein optisches oder akustisches Zeichen des Lehrers sucht sich jedes Metall schnell einen Magneten, d. h. die Kinder stehen eng zusammen. Auf ein erneutes Zeichen des Lehrers trennen sich alle Magnete wieder von den Metallen.

VARIANTEN: Noch schöner ist dieses Spiel mit Musik: Läuft die Musik, rennen Magnete und Metalle in der Halle herum. Bei Musikstopp sucht sich jedes Metall schnell einen Magneten. Jeder Magnet darf nur einmal dasselbe Metall anziehen. Das letzte Paar, das sich zusammenfindet, scheidet aus.

Reaktions- und Geschicklichkeitsspiele

Pitsch-Patsch-Peter

TRAINIERT: Schnelligkeit, Reaktion
MATERIAL: Keins

DAUER:

Zwei Mannschaften stehen sich mit etwas Abstand gegenüber. Die Kinder einer Gruppe halten die Handflächen ausgestreckt nach vorne. Ein Kind der anderen Gruppe geht an diesen Kindern vorbei und schlägt auf die Handflächen. Beim ersten Schlag sagt es „Pitsch", beim zweiten Schlag „Patsch" und beim dritten Schlag „Peter". Das dritte angeschlagene Kind, der Peter, läuft nun schnell hinter dem Schüler her und muss diesen fangen. Wenn er das schafft, bekommt er einen Punkt für seine Gruppe. Er ist dann der neue Pitsch-Patsch-Peter. Das gefangene Kind geht wieder in seine Gruppe zurück. Schafft er es nicht, bekommt er keinen Punkt. Sieger ist die Gruppe, die die meisten Punkte gesammelt hat.

Rübenziehen

TRAINIERT: Kraft und Gewandtheit, Sozialverhalten DAUER: ◔
MATERIAL: Keins

Ein Kind ist der Bauer, ein zweites Kind die Bäuerin. Alle anderen Kinder legen sich auf den Bauch, bilden einen Kreis und fassen sich an den Händen. Der Bauer und die Bäuerin gehen um den Kreis herum und singen oder sprechen dazu: „Ein Bauer und 'ne Bäuerin, die wollten mal 'ne Rübe ziehn!" Dann sucht sich das Paar eine Rübe, also ein Kind aus (Bauer und Bäuerin können sich auch verschiedene Kinder aussuchen). Sie versuchen jetzt, die Rübe zu ziehen, wobei sie gleichzeitig „Eins, zwei, drei, vier, fünf!" sagen bzw. singen. Schaffen sie es, die Rübe zu ziehen, so wird diese ebenfalls ein Bauer bzw. eine Bäuerin. Das Spiel beginnt dann von Neuem und die restlichen Rüben fassen sich wieder an den Händen.

Reaktions- und Geschicklichkeitsspiele

Salzsäule

TRAINIERT: Kraft und Gewandtheit, Sozialverhalten DAUER: ◑
MATERIAL: Pro Kind ein Sand- oder Bohnensäckchen

Jedes Kind legt sich ein Bohnensäckchen auf den Kopf und geht/läuft damit in einem zuvor festgelegten Spielfeld herum. Fällt das Bohnensäckchen bei einem Kind vom Kopf, so erstarrt es zu einer Salzsäule. Das Bohnensäckchen darf von einem anderen Kind aufgehoben und der Salzsäule wieder auf den Kopf gelegt werden. Dabei muss dieses Kind aber aufpassen, dass es sein eigenes Bohnensäckchen nicht verliert.

TIPP: Bei diesem Spiel kann eventuell Musik im Hintergrund laufen.

Reaktions- und Geschicklichkeitsspiele

Saubere Wäsche

TRAINIERT: Kraft und Gewandtheit, Balltechnik, Sozialverhalten DAUER: ◔

MATERIAL: Eine Zauberschnur oder eine andere Schnur, ein Gymnastikball, mehrere Zeitungsseiten

Die Kinder bilden zwei Mannschaften. Jede Mannschaft befindet sich in ihrem Spielfeld. Zwischen den zwei Spielfeldern wird eine Schnur gespannt (Höhe: $^{1}/_{2}$ bis 1 Meter). An dieser Schnur hängen nebeneinander die Zeitungsseiten. Aufgabe der Schüler ist es, den Ball so zu prellen, dass er über die Wäscheleine gelangt, ohne die Wäsche zu beschmutzen, d. h. die Zeitungsseiten zu berühren. Wird die Wäsche beschmutzt, so gibt dies einen Minuspunkt für die Mannschaft. Sieger ist die Gruppe, die die wenigsten Minuspunkte hat.

TIPP: Es ist sinnvoll, die Spieldauer festzulegen.

VARIANTEN: Die Zeitungsseiten müssen von dem Ball getroffen, die Wäsche also abgeräumt werden. Jedes Mal, wenn ein Wäschestück getroffen wird und von der Leine fällt, gibt es einen Punkt. Sieger ist die Mannschaft mit den meisten Punkten.

Reaktions- und Geschicklichkeitsspiele

Schiffe im Nebel

TRAINIERT: Kraft und Gewandtheit, Sozialverhalten DAUER: ◔

MATERIAL: Tücher, um die Augen zu verbinden

Die Klasse wird in zwei Gruppen eingeteilt. Die Kinder der einen Gruppe sind die Leuchttürme, die anderen sind die Schiffe. Die ganze Halle ist das Meer – von den seitlichen Küstenbereichen abgesehen. Die Schiffe stellen sich an einer Turnhallenseite an der Linie auf und schließen die Augen (oder die Augen werden mit Tüchern verbunden). Die Leuchttürme verteilen sich überall im Meer. Auf ein Kommando fahren die Schiffe los und strecken dabei beide Arme gerade nach vorne aus. Kurz bevor die Schiffe an einen Leuchtturm stoßen, tuten die Nebelhörner der Leuchttürme. Die Leuchtturmkinder sagen dann: „Tuuuuut, Tuuuuuuuut …" Sind alle Schiffe im Hafen (auf der anderen Turnhallenseite) angekommen, wechseln die Gruppen.

TIPP: Das Spiel kann als Wettspiel gestaltet werden: Die Zeit, die die Schiffe brauchen, um den Zielhafen zu erreichen, wird dann gestoppt. Sieger ist die schnellste Gruppe.

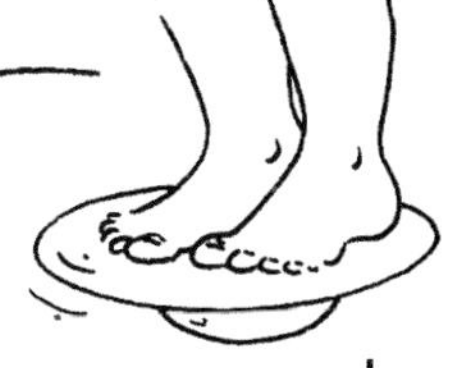

Segelschiffe in Not

TRAINIERT: Ausdauer, Reaktion DAUER: ◔
MATERIAL: Mehrere Zeitungsblätter oder Tücher, um Inseln darzustellen

In der ganzen Turnhalle werden die Zeitungsblätter bzw. die Tücher, die die Inseln darstellen, ausgelegt. Die Kinder sind Segelschiffe, die um die Inseln herumfahren. Wenn der Lehrer „Sturmwarnung!" ruft, muss sich jedes Segelschiff auf eine Insel retten. Nach jedem Spieldurchgang entfernt der Lehrer eine Insel, die im Sturm untergegangen ist. Nun müssen sich immer mehrere Segelschiffe gemeinsam auf eine Insel retten. Alle Segelschiffe, die keinen Platz mehr finden, gehen im Sturm unter und scheiden aus.

VARIANTEN: Zwei oder drei Kinder fassen sich an den Händen und stellen Containerschiffe und Ozeanriesen dar, die durch das Meer (die Turnhalle) fahren.

Spinnennetz

TRAINIERT: Kraft und Gewandtheit, Sozialverhalten DAUER: ◔
MATERIAL: Keins

Aufgabe ist es, ein Spinnennetz zu bauen. Dafür werden Gruppen mit jeweils mindestens sechs bzw. acht Kindern gebildet. (Bei sechs Kindern ist die nötige Dehnung der Beine zu beachten.) Die Kinder jeder Gruppe legen sich in einem Kreis gegengleich auf den Rücken, d. h. der Kopf jedes Kindes liegt neben den Füßen seiner Nachbarn. Dann fassen die Kinder mit den Händen die Fußspitzen oder Fersen des rechten und linken Nachbarns an, sodass ein Spinnennetz entsteht. Auf ein Kommando bewegen sich alle Spinnenetze auf ein vorher festgelegtes Ziel zu. Dabei darf das Netz nicht reißen. Sieger ist die Gruppe, deren Netz nicht gerissen ist und die als erste das Ziel erreicht hat.

VARIANTEN: Jedes Spinnennetz bekommt einen Ball, z. B. einen Medizinball. Die Kinder müssen diesen Ball, die Spinne, zu einem vorher festgelegten Ziel bewegen.

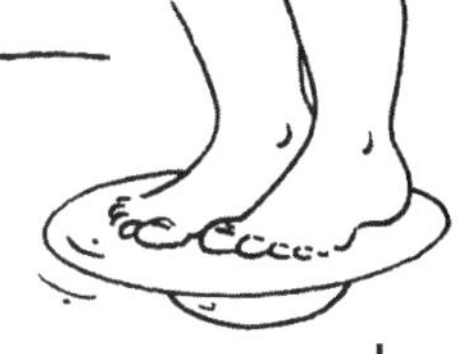

Trefft das Ruderboot!

TRAINIERT: Schnelligkeit, Kraft und Gewandtheit, Balltechnik DAUER: ◔
MATERIAL: Zwei dicke Weichbodenmatten, unter denen sich mehrere Rollbretter befinden, mehrere Kartons oder Hütchen, pro Kind, das im Boot sitzt, ein Ball

Es werden zwei Mannschaften gebildet. Jede Mannschaft bekommt ein Schiff, d. h. eine Weichbodenmatte, unter der sich Rollbretter befinden. Auf jeder Matte steht dieselbe Anzahl von Kartons oder Hütchen. Die Matten liegen hinter den Startlinien auf den gegenüberliegenden Seiten der Turnhalle. Drei bis sechs Kinder pro Gruppe werden als Ruderer bestimmt, die anderen Mannschaftsmitglieder knien zwischen den Gegenständen und haben jeweils einen Ball in der Hand. Auf ein Kommando schieben nun die Ruderer ihr Schiff durch das Meer. Fahren die Schiffe aneinander vorbei, müssen die Bootsbesatzungen mit den Bällen versuchen, die Gegenstände auf dem gegnerischen Schiff zu treffen, sodass diese umkippen. Gleichzeitig sorgen sie auf ihrem eigenen Schiff dafür, dass dies dem Gegner nicht gelingt. Sind die Schiffe in den Hafen eingefahren, wird gezählt, bei wem die meisten Gegenstände stehen geblieben sind.

Reaktions- und Geschicklichkeitsspiele

Volleyball gegen Tennisball

TRAINIERT: Schnelligkeit, Kraft und Gewandtheit, Reaktion, Sozialverhalten DAUER: ◔
MATERIAL: Ein Volleyball und ein Tennisball

Es werden zwei Mannschaften gebildet. Im Spielfeld stehen sich die Kinder der Volleyballmannschaft in Zickzackaufstellung gegenüber. Um das Spielfeld stehen, verteilt an allen vier Seiten, die Kinder der Tennisballmannschaft. Auf ein Kommando beginnen beide Gruppen gleichzeitig: Der Tennisball wird durch Laufen von einem Kind zum nächsten gebracht, der Volleyball wird in der Gasse im Zickzack von einem Kind zum nächsten geworfen. Ist er beim letzten Kind angekommen, muss der Ball wieder zurückgeworfen werden, bis er am Ausgangspunkt angekommen ist. Sieger ist die Gruppe, deren Ball als erster wieder am Startpunkt angekommen ist. Nach dem ersten Spiel wechseln die Gruppen.

Wer bin ich?

TRAINIERT: Ausdauer, Sozialverhalten DAUER:
MATERIAL: Pro Gruppe ein vorbereitetes Schild, auf dem der Name einer den Kindern bekannten Persönlichkeit oder eines berühmten Bauwerkes steht

Es werden Gruppen mit jeweils mindestens vier Kindern gebildet. Einem Kind aus jeder Gruppe wird, ohne dass es dieses sieht, das Schild mit dem Namen eines berühmten Bauwerkes oder einer bekannten Persönlichkeit auf den Rücken geheftet. Dieses Kind muss vor den Kindern seiner Gruppe herlaufen. Dabei stellt es den Kindern seiner Gruppe Fragen, um herauszufinden, wer oder was sich auf seinem Rücken befindet. Die Kinder dürfen die gestellten Fragen nur mit „Ja" oder „Nein" beantworten. Hat das Kind erraten, wer oder was es ist, wird einem anderen Kind ein neues Schild auf den Rücken geheftet.

Reaktions- und Geschicklichkeitsspiele

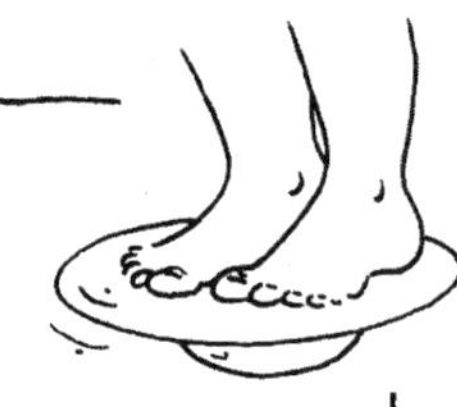

Zwei Hunde, ein Knochen

TRAINIERT: Schnelligkeit, Reaktion DAUER:
MATERIAL: Ein Staffelholz, ein Bohnensäckchen oder etwas Ähnliches, das den Hundeknochen darstellt

An den beiden Turnhallenseiten stehen sich zwei gleich große Mannschaften gegenüber. In der Mitte zwischen den beiden Mannschaften liegt der Hundeknochen. In jeder Mannschaft wird durchgezählt. Dabei muss sich jedes Kind seine Zahl merken. Ruft nun der Lehrer eine Zahl, so müssen aus jeder Mannschaft die Kinder, die diese Zahl haben, versuchen, schnell an den Hundeknochen zu gelangen. Wer ihn zuerst ergreift, bekommt für seine Mannschaft einen Punkt. Das Spiel ist zu Ende, wenn der Lehrer alle Zahlen einmal aufgerufen hat. Sieger ist die Mannschaft mit den meisten Punkten.

5. Wasserspiele

Ausgequetscht

TRAINIERT: Schnelligkeit, Kraft und Gewandtheit DAUER: ◔
MATERIAL: Zwei gleiche Gefäße (Eimer oder größere Schüsseln), zwei gleiche T-Shirts

Es werden zwei Mannschaften gebildet. Am Beckenrand der gegenüberliegenden Seite steht für jede Gruppe das Gefäß. Das erste Kind jeder Gruppe hat das T-Shirt an. Auf ein Kommando schwimmt es durch das Becken zu dem Gefäß am Beckenrand. Dort steigt das Kind schnell aus dem Wasser, zieht das T-Shirt aus und wringt es über dem Eimer aus. Dann springt es mit dem T-Shirt in der Hand wieder in das Wasser und schwimmt zum nächsten Kind seiner Gruppe. Dieses zieht das T-Shirt an und schwimmt auch zu dem Gefäß, um das T-Shirt auszuwringen. Sieger ist die Mannschaft, die es zuerst geschafft hat, ihr Gefäß vollständig mit Wasser zu füllen.

TIPP: Vor Spielbeginn kann auch eine Zeit festgelegt werden. Sieger ist dann die Mannschaft, die nach Ablauf der vorgegebenen Zeit das meiste Wasser in ihrem Gefäß hat.

Dominosteine

TRAINIERT: Reaktion DAUER: ◔
MATERIAL: Keins

Alle Kinder stellen sich nebeneinander am Rand des Schwimmerbeckens auf. Auf ein Kommando lässt sich das erste Kind in das Wasser fallen und dann folgen, wie beim Fall von Dominosteinen, alle anderen Kinder.

TIPP: Dieses Spiel kann nur mit Schwimmern im Schwimmerbecken gespielt werden.

VARIANTEN: Die Kinder können auch nebeneinander am Beckenrand hocken, sitzen, auf dem Bauch liegen (sodass der Oberkörper ins Wasser hängt) oder sich wie Mehlsäcke nacheinander ins Wasser fallen lassen. Eine weitere Variante: Könner springen wie Delfine (Kopfsprung) ins Wasser.

Wasserspiele

Fuchsjagd

TRAINIERT: Schnelligkeit, Ausdauer

DAUER:

MATERIAL: Keins

Alle Kinder stehen außen nebeneinander am Beckenrand des Schwimmerbeckens. Ein Kind, der Fuchs, springt ins Wasser und schwimmt los. Nachdem er ein paar Meter Vorsprung hat, gibt der Lehrer das Kommando. Die anderen Kinder springen ins Wasser und versuchen, den Fuchs zu fangen. Wer den Fuchs gefangen hat, ist in einem neuen Spiel der Fuchs.

TIPP: Dieses Spiel ist nur für gute Schwimmer geeignet.

Wasserspiele

Haifischflossen fangen

TRAINIERT: Kraft und Gewandtheit

DAUER:

MATERIAL: Pro Kind ein Schwimmbrett

Jedes Kind klemmt sich ein Schwimmbrett zwischen die Beine. Alle Kinder befinden sich im Wasser. Auf ein Kommando müssen die Kinder möglichst viele Haifischflossen sammeln. Gleichzeitig dürfen sie ihre eigene Flosse nicht verlieren. Sieger ist, wer die meisten Flossen gefangen hat.

TIPP: Dieses Spiel lässt sich sowohl im Nichtschwimmer- als auch im Schwimmerbecken spielen.

Haifischschwimmen

TRAINIERT: Schnelligkeit, Kraft und Gewandtheit
MATERIAL: Pro Gruppe ein Schwimmbrett

DAUER: ◑

Es werden zwei Mannschaften gebildet, von denen jede ein Schwimmbrett bekommt. Auf ein Kommando klemmt sich das erste Kind jeder Mannschaft das Brett zwischen die Beine und schwimmt los (Brustschwimmen). Dieses Kind ist der Haifisch. An der anderen Wand des Beckens angekommen, schlägt der Haifisch an, schwimmt zu seiner Mannschaft zurück und übergibt das Brett an das nächste Kind. Sieger ist die Mannschaft, die am schnellsten ist.

TIPP: Dieses Spiel ist nur für Kinder geeignet, die das Brustschwimmen beherrschen. Es kann im Nichtschwimmer- oder im Schwimmerbecken gespielt werden.

VARIANTEN: Dieses Spiel kann auch als Staffelspiel gespielt werden.

Wasserspiele

Kettenfangen

TRAINIERT: Schnelligkeit
MATERIAL: Keins

DAUER: ◑

Zwei Kinder fassen sich an den Händen. Dieses Paar fängt schwimmend ein drittes und ein viertes Kind. Dann teilen sich diese vier Kinder wieder in Paare auf. Jede Zweiergruppe versucht erneut, ein drittes und ein viertes Kind zu fangen. Dann teilt sich die Gruppe wieder auf. Wurden alle Kinder gefangen, ist das Spiel beendet.

TIPP: Es ist sinnvoll, dieses Spiel im Nichtschwimmerbecken zu spielen, sodass die Kinder durch das Wasser gehen können. Mit geübten und ausdauernden Schwimmern kann das Spiel im Schwimmerbecken stattfinden.

Wasserspiele

Klamottenschwimmen

TRAINIERT: Schnelligkeit, Kraft und Gewandtheit
DAUER:
MATERIAL: Verschiedene Kleidungsstücke in doppelter Ausführung, wie z. B. ein T-Shirt und ein Hut.

Die Schwimmer werden in zwei Gruppen eingeteilt. Eine Hälfte jeder Gruppe befindet sich auf der einen Seite des Beckens, die andere Hälfte auf der gegenüberliegenden Seite. Auf ein Kommando zieht das erste Kind aus jeder Gruppe das T-Shirt und den Hut an und schwimmt auf die andere Beckenseite. Dort zieht es die Sachen aus und gibt sie dem nächsten Kind, das sie anzieht und schnell wieder zur Ausgangsseite schwimmt. Sieger ist die Gruppe, die zuerst fertig ist.

TIPP: Dieses Spiel kann im Nichtschwimmer- oder Schwimmerbecken stattfinden, ist aber nur für Schwimmer geeignet.

Wasserspiele

Klamottensprung

TRAINIERT: Kraft und Gewandtheit, Sprungkraft
DAUER:
MATERIAL: Pro Gruppe ein Hemd oder T-Shirt

Es werden zwei Mannschaften gebildet. Das jeweils erste Kind hat das Hemd an. Dieses springt auf ein Kommando in das Wasser, zieht das Hemd im Wasser aus und wirft es dem nächsten Kind aus seiner Mannschaft, das sich am Land befindet, zu. Dieses zieht sich das Hemd über, springt damit wieder in das Wasser usw.

TIPP: Dieses Spiel kann nur mit geübten Schwimmern gespielt werden. Die Kinder sollten vor Beginn darauf hingewiesen werden, dass sie beim Springen in das Wasser darauf achten, dass das Wasser unter ihnen frei ist.

Krebs, Fisch, Weißer Hai

TRAINIERT: Ausdauer, Reaktion DAUER: ◑
MATERIAL: Keins

Alle Kinder befinden sich im Schwimmbecken. Ruft der Lehrer: „Krebs", so müssen sich alle Kinder wie ein Krebs auf den Bauch oder auf den Rücken legen. Ruft der Lehrer: „Fisch", so müssen sich alle Kinder mit Schwimmbewegungen wie ein Fisch im Wasser bewegen. Ruft der Lehrer: „Weißer Hai", so müssen alle schnell das Wasser verlassen. Das jeweils letzte Kind scheidet bei den Durchgängen aus.

TIPP: Dieses Spiel kann im Nichtschwimmer- oder im Schwimmerbecken stattfinden.

Piratenschiff

TRAINIERT: Kraft und Gewandtheit DAUER: ◑
MATERIAL: Ein Schlauchboot, eine Luftmatratze oder eine Schwimmmatte

Einige Kinder sind die Piraten, die sich in ihrem Schiff befinden. Die Piraten stechen in See, während die anderen Kinder am Beckenrand stehen. Ist das Piratenschiff weit genug entfernt, springen die Kinder in das Wasser, schwimmen zum Piratenschiff und versuchen, die Piraten vom Schiff zu werfen.

TIPP: Mit weniger geübten Schwimmern sollte dieses Spiel nur im Nichtschwimmerbecken gespielt werden.

Wasserspiele

Proviant über Bord

TRAINIERT: Schnelligkeit DAUER: ◔

MATERIAL: Viele Gegenstände, die im Wasser schwimmen und auch untergehen können (Tauchringe, kleine Bälle, Tücher, verschiedene kleine Plastikspielsachen, wie z. B. Fische), pro Gruppe ein Gymnastikreifen oder ein Wassereimer

Es werden zwei Mannschaften gebildet. Alle schwimmenden und sinkenden Gegenstände werden in das Wasser geworfen. Auf ein Kommando gehen die Kinder in das Wasser und sammeln den Proviant, der über Bord gegangen ist, wieder ein. Dabei darf jedes Kind immer nur einen Gegenstand aus dem Wasser holen. Der Proviant wird an Land (in den Reifen oder Eimer) gebracht. Gesiegt hat die Gruppe, die den meisten Proviant wieder eingesammelt hat.

TIPP: Dieses Spiel kann im Nichtschwimmer- oder im Schwimmerbecken stattfinden.

Wasserspiele

Schatzsuche

TRAINIERT: Kraft und Gewandtheit DAUER: ◔

MATERIAL: Eine wasserdichte kleine Truhe mit Deckel oder eine Tüte mit einem Gummiband um die Öffnung herum, Gewichte, um die Tüte oder die Truhe zu beschweren, Goldmünzen (am besten Schokoladenmünzen)

Die Truhe (oder die Tüte) mit dem Schatz wird mit den Gewichten so beschwert, dass sie unter Wasser bleibt. Es werden zwei Gruppen gebildet. Nachdem das Startkommando gegeben wurde, tauchen die ersten Kinder nach unten und versuchen, eine Münze aus dem Wasser zu holen. Wenn alle Kinder je eine Münze herausgeholt haben, ist die insgesamt schnellste Gruppe Sieger.

TIPP: Dieses Spiel sollte nur mit geübten Tauchern gespielt werden.

Schleppnetz

TRAINIERT: Kraft und Gewandtheit, Sozialverhalten DAUER: ◑
MATERIAL: Keins

Es werden zwei Gruppen gebildet. Die Kinder der einen Gruppe sind die Fische. Die Kinder der anderen Gruppe fassen sich an den Händen und stellen das Schleppnetz dar. Das Netz steht den Fischen an einem Beckenrand gegenüber. Das Schleppnetz geht nun auf die Fische zu. Die Fische müssen durch das Schleppnetz gelangen, ohne gefangen zu werden. Für jeden gefangenen Fisch erhält die Schleppnetzgruppe einen Punkt. Danach wechseln die Gruppen: Die Fische fassen sich nun an und sind das Schleppnetz, während die anderen Kinder die Fische darstellen.

TIPP: Dieses Spiel kann nur im Nichtschwimmerbecken gespielt werden.

Schwimmende Hunde

TRAINIERT: Reaktion, Sozialverhalten DAUER: ◑
MATERIAL: Keins

Die Klasse wird in zwei Gruppen aufgeteilt: Eine Gruppe bildet einen Innenkreis, die andere Gruppe einen Außenkreis. Der Außenkreis hat ein Kind mehr als der Innenkreis. Beide Gruppen bewegen sich gegengleich, d. h. in entgegengesetzte Richtungen. Auf ein Kommando grätscht die Innenkreisgruppe die Beine und stellt so Hundehütten dar. Die Kinder der Außenkreisgruppe, die Hunde, schwimmen durch die Hütten hindurch, sodass nun die Gruppe der Hunde den Innenkreis und damit die nächsten Hundehütten bilden kann. Wer keine Hundehütte gefunden hat, bleibt noch mal Hund.

TIPP: Diese Spiel kann nur im Nichtschwimmerbecken gespielt werden.

Silber-Tauchen

TRAINIERT: Kraft und Gewandtheit, Sprungkraft DAUER: ◔
MATERIAL: Viele Steine, die in Alufolie eingepackt sind und das Silber darstellen

Das Silber wird in das Meer geworfen. Es werden zwei Gruppen gebildet. Auf ein Kommando gehen alle Kinder der beiden Gruppen gleichzeitig in das Wasser und tauchen nach dem Silber. Die Steine werden an Land gebracht. Dabei darf jedes Kind immer nur ein Silber-Stück herausholen und an das Ufer bringen. Sieger ist die Gruppe, die das meiste Silber gesammelt hat.

TIPP: Mit geübten Schwimmern/Tauchern kann dieses Spiel auch im Schwimmerbecken stattfinden.

Suppe auslöffeln

TRAINIERT: Schnelligkeit, Kraft und Gewandtheit DAUER: ◔
MATERIAL: Pro Gruppe eine Schüssel mit Wasser, in der viele Tischtennisbälle schwimmen, sowie ein Tee- oder Suppenlöffel

Es werden zwei Mannschaften gebildet. Gegenüber am Beckenrand steht für jede Gruppe die Schüssel, gefüllt mit Wasser, in der Tischtennisbälle schwimmen. Dies ist die Suppe, die ausgelöffelt werden muss. Auf ein Kommando schwimmt das erste Kind jeder Gruppe mit dem Löffel in der Hand zur Suppenschüssel. Dort angekommen, nimmt es einen Tischtennisball aus der Schüssel und legt diesen auf den Löffel. Dann transportiert es ihn zu seiner Mannschaft zurück und legt ihn ab. Nun ist das nächste Kind an der Reihe. Fällt der Tischtennisball vom Löffel, so muss das Kind zur Suppenschüssel zurückkehren, den Ball noch mal in die Suppe legen, wieder herausnehmen und von vorne beginnen.

TIPP: Dieses Spiel kann mit den Nichtschwimmern, die durch das Wasser gehen, im Nichtschwimmerbecken und mit den Schwimmern im Schwimmerbecken gespielt werden.

Tablett zur Insel bringen

TRAINIERT: Schnelligkeit, Kraft und Gewandtheit DAUER: ◔
MATERIAL: Pro Gruppe ein Schwimmbrett (Tablett), auf dem ein Plastikteller, ein Plastikbecher und ein Eierbecher mit einem Tischtennisball als Ei stehen

Es werden zwei Mannschaften gebildet. Das jeweils erste Kind bekommt das Tablett mit dem Geschirr. Auf ein Kommando muss dieses Kind nun das Tablett zum gegenüberliegenden Beckenrand transportieren. Auf dieser Insel muss das Tablett abgestellt werden. Dann schwimmt das Kind schnell wieder zu seiner Gruppe zurück und schlägt das nächste Kind an. Dieses schwimmt schnell zur Insel, holt das Tablett wieder ab und übergibt es dem nächsten Kind aus seiner Gruppe, das es wieder zur Insel bringt. Sollte beim Transport etwas herunterfallen, so muss das Kind es wieder auf das Tablett stellen. Sieger ist die Mannschaft, die als erste am Ziel angekommen ist.

TIPP: Dieses Spiel kann mit Nichtschwimmern und Schwimmern gespielt werden.

Wasserspiele

Tiger und Löwen

TRAINIERT: Schnelligkeit, Reaktion DAUER: ◔
MATERIAL: Ein weißes und ein schwarzes Tuch oder Papier

Es werden zwei Gruppen gebildet. Die Kinder der einen Gruppe sind die Löwen, die anderen Kinder sind die Tiger. Beide Gruppen stehen sich im Nichtschwimmerbecken gegenüber und schauen sich an. Zeigt der Lehrer das weiße Tuch bzw. Blatt, so müssen die Löwen die Tiger fangen. Die Tiger versuchen schnell, auf die andere Beckenseite zu gelangen. Zeigt der Lehrer das schwarze Tuch bzw. Blatt, so müssen die Tiger die Löwen fangen. Wer gefangen wurde, wechselt zu der anderen Gruppe über. Sieger ist die Gruppe, in der sich am Ende des Spieles die meisten Kinder befinden.

TIPP: Es ist sinnvoll, die Spielzeit festzulegen.

Tunnelfahrt

TRAINIERT: Ausdauer
MATERIAL: Keins

DAUER: ◑

Es werden zwei Mannschaften gebildet. Von jeder Mannschaft stellen sich zwei bis drei Kinder mit gegrätschten Beinen hintereinander in das Nichtschwimmerbecken und bilden so einen langen Tunnel. Auf ein Kommando startet das erste Kind jeder Mannschaft, taucht durch den Tunnel hindurch und schwimmt dann am Tunnel vorbei wieder zu seiner Mannschaft zurück. Dort schlägt es das nächste Kind an. Nicht so geübte Taucher können auch nach jedem Tunnelkind auftauchen, Luft holen und dann durch den nächsten Tunnel tauchen.

TIPP: Dieses Spiel kann nur im Nichtschwimmerbecken stattfinden.

Verzauberte Fische

TRAINIERT: Kraft und Gewandtheit, Reaktion
MATERIAL: Drei Schwimmbretter

DAUER: ◑

Drei Schüler sind die Zauberer. Jeder von ihnen bekommt ein Schwimmbrett, womit sie sich durch das Wasser bewegen. Die anderen Schüler sind die Fische, die im Wasser herumschwimmen. Berührt ein Zauberer einen Fisch, so ist dieser Fisch verzaubert und erstarrt zu einer Koralle, d. h. er bleibt sofort stehen, grätscht die Beine, hebt beide Arme und schwingt sie hin und her. Die Korallen werden erlöst, wenn ein Fisch durch ihre gegrätschten Beine hindurchschwimmt.

TIPP: Dieses Spiel kann nur im Nichtschwimmerbecken stattfinden.

Wasserspiele

Wasserball

TRAINIERT: Reaktion, Balltechnik, Sozialverhalten DAUER: ◕
MATERIAL: Ein Wasserball und eine Schnur (oder ein Netz), mit dem das Spielfeld unterteilt werden kann

Es werden zwei Mannschaften gebildet. Mit der Schnur (oder dem Netz) wird das Nichtschwimmer- oder ein Teil des Schwimmerbeckens so unterteilt, dass zwei Spielfelder entstehen. Die Kinder jeder Mannschaft verteilen sich in ihrem Spielfeld. Nun spielen sich die Mannschaften den Ball zu. Dabei darf der Ball nicht im Wasser landen. Die Mannschaft, die den Ball nicht fängt, bekommt einen Minuspunkt. Gesiegt hat die Mannschaft, die die wenigsten Minuspunkte hat.

TIPP: Es ist sinnvoll, die Spielzeit festzulegen. Dieses Spiel kann auch von den Nichtschwimmern, die dann im Wasser stehen, im Nichtschwimmerbecken gespielt werden. Schwieriger ist das Spiel für geübte Schwimmer im Schwimmerbecken, da sie die ganze Spielzeit schwimmen und gleichzeitig den Ball fangen müssen. Das Spiel sollte dann nicht zu lange dauern.

Wasserspiele

Wasserball treiben

TRAINIERT: Schnelligkeit, Kraft und Gewandtheit DAUER: ◔
MATERIAL: Zwei gleiche Wasserbälle

Es werden zwei Mannschaften gebildet. Jede bekommt einen Wasserball. Auf ein Kommando müssen die Kinder den Ball durch das Wasser zum anderen Beckenrand transportieren, ohne die Hände zu benutzen (der Ball kann mit dem Kopf oder dem Körper vorangetrieben werden). Dort angekommen, schlagen sie an der Wand an und transportieren den Ball genauso zum nächsten Kind der Gruppe zurück.

TIPP: Dieses Spiel ist für Schwimmer und Nichtschwimmer geeignet und kann auch als Staffelspiel gespielt werden.

Wasserbasketball

TRAINIERT: Kraft und Gewandtheit, Reaktion, Balltechnik, Sozialverhalten DAUER: ◕
MATERIAL: Zwei Eimer und ein Wasserball

Es werden zwei Mannschaften gebildet, die sich in dem Spielfeld gegenüberstehen. Hinter der jeweils gegnerischen Mannschaft steht außerhalb des Wassers ein Eimer, in den der Ball geworfen werden muss. Die Kinder jeder Mannschaft spielen sich den Ball zu und versuchen, dass dieser in ihrem Eimer landet. Hat das geklappt, bekommt diese Mannschaft einen Punkt.

TIPP: Dieses Spiel lässt sich am besten im Nichtschwimmerbecken spielen.

Wasser marsch!

TRAINIERT: Schnelligkeit, Kraft und Gewandtheit DAUER: ◔
MATERIAL: Pro Gruppe eine Plastiktüte mit Löchern und ein Eimer oder eine größere Schüssel

Es werden zwei Mannschaften gebildet. Am gegenüberliegenden Beckenrand stehen die Eimer oder Schüsseln. Auf ein Kommando füllen jeweils die ersten Kinder der Gruppe ihre Plastiktüte mit Wasser und befördern diese nun so zu dem Eimer oder der Schüssel, dass sie nicht mit dem Wasser in Berührung kommt. Bei dem Eimer angekommen, leeren sie ihre Tüte und schwimmen zu ihrer Mannschaft zurück. Dann füllt das nächste Kind die Tüte mit Wasser, hält sie hoch und transportiert sie zu dem Eimer.

TIPP: Dieses Spiel kann im Nichtschwimmer- oder (mit Schwimmern) im Schwimmerbecken gespielt werden.

Wasserschwänzchen fangen

TRAINIERT: Reaktion, Ausdauer, Schnelligkeit DAUER: ◔

MATERIAL: Pro Kind ein Kennzeichnungsband oder Tuch, das es als Schwänzchen in die Badehose bzw. den Badeanzug steckt

Jedes Kind bekommt ein Schwänzchen und steckt sich dieses in die Badehose bzw. den Badeanzug. Auf ein Kommando versuchen die Kinder, möglichst viele Schwänzchen zu fangen. Sieger ist das Kind, das die meisten Schwänzchen gefangen hat.

TIPP: Dieses Spiel eignet sich für Schwimmer und Nichtschwimmer.

Wasserstrudel

TRAINIERT: Kraft und Gewandtheit, Sozialverhalten DAUER: ◔

MATERIAL: Keins

Alle Kinder stellen sich im Nichtschwimmerbecken im Kreis auf und laufen so lange im Uhrzeigersinn im Kreis herum, bis eine Strömung entsteht. Auf ein Kommando des Lehrers holen alle tief Luft, umfassen ihre angehockten Beine mit beiden Armen und legen den Kopf auf die Knie. So lassen sie sich nun von dem Wasserstrudel treiben, bis sie keine Luft mehr haben und auftauchen müssen.

TIPP: Dieses Spiel ist nur für Kinder geeignet, die gut tauchen können.

Wasserspiele

Wer hat Angst vor dem Wassermann?

TRAINIERT: Schnelligkeit, Ausdauer, Kraft und Gewandtheit DAUER: ◑
MATERIAL: Keins

Ein Kind, der Wassermann, befindet sich auf der einen Seite des Nichtschwimmerbeckens, alle anderen Kinder stehen auf der gegenüberliegenden Seite des Beckens. Der Wassermann ruft nun: „Wer hat Angst vor dem Wassermann?“ Die Kinder antworten: „Niemand!“
Der Wassermann fragt: „Und wenn er kommt?“ Die Kinder: „Dann schwimmen wir!“ Und schnell schwimmen oder laufen sie durch das Wasser. Der Wassermann versucht, Kinder zu fangen, die dann auch zu Wassermännern werden und mit auf seine Seite gehen. Dann beginnt das Spiel von neuem. Sieger ist das Kind, das es schafft, bis zum Schluss nicht vom Wassermann gefangen zu werden. Der Sieger kann in einem neuen Spieldurchgang der Wassermann sein.

TIPP: Dieses Spiel kann im Nichtschwimmerbecken gespielt werden, indem die Kinder durch das Wasser laufen. Geübte Schwimmer können es im Schwimmerbecken spielen. Vor dem Spiel kann der Schwimmstil (z. B. Brust-, Rückenschwimmen oder Kraulen) festgelegt werden.

Wasserspiele

Wer ist der schnellste Paddler?

TRAINIERT: Schnelligkeit, Kraft und Gewandtheit DAUER: ◑
MATERIAL: Pro Gruppe ein Schwimmbrett

Die Kinder werden in drei bis vier Gruppen eingeteilt. Jede Gruppe bekommt ein Schwimmbrett. Auf ein Kommando legen sich die ersten Kinder aus jeder Gruppe auf das Schwimmbrett und versuchen voranzukommen, indem sie mit den Händen paddeln. An der anderen Beckenseite schlagen sie mit der Hand an, paddeln zu ihrer Gruppe zurück und übergeben dem nächsten Kind das Schwimmbrett. Dies geht so lange, bis alle einmal an der Reihe waren. Sieger ist die insgesamt schnellste Gruppe.

TIPP: Dieses Spiel kann im Nichtschwimmer- oder im Schwimmerbecken gespielt werden.